木馬文化

木馬文化

50 Ways to Improve Student Behavior

Simple Solutions to Complex Challenges

優秀老師「這樣做」

50招 課堂管理術，打造高效學習環境

Todd Whitaker
&
Annette Breaux

陶德．威塔克、安妮特．布諾｜合著　林金源｜譯

木馬文化

目次

本書妙用

你想當個稱職的老師、幫助學生表現出良好的行為，讓他們學習起來更有成效？你希望能減輕每天的工作壓力、在秩序管理上得心應手，並且營造快樂的學習風氣？你希望學生能更積極主動、喜歡上課，也能守規矩……？相信我，這本書正是你所需要的。

本書特地為當老師的你量身打造，適用於任何年級、性別、種族背景和教養環境的學生。本書的目標並非使你變身「完美的老師」——因為沒有老師是完美的——也不是為了幫你塑造出一群「完美的學生」（因為也沒有學生是完美的），而在於提供一套工具，用來改善學生們在課堂上的不當行為。重點是，**當學生行為改善，學習成效也會跟著提升**。

我們衷心相信，每一位大家口中呼喚的「老師」，對自己的期許不外乎以下幾點：有所作為、打動學生的心、盡可能發揮教學成效；並渴望在每位學生離開校園後，成為他們懷念的對象。我們相信你絕對具備這些能力。現在，就讓這本書告訴你該如何達成上述目標，請繼續看下去。

關於作者

陶德．威塔克（**Todd Whitaker**）博士是美國教育界公認的教師領導權威，他長年以精采的演說傳達教師本身的重要性，獲得教師族群的廣大迴響。目前任職於密蘇里大學教育領導和政策分析系所，同時為該校的榮譽教授。

陶德曾在密蘇里州擔任多所中小學教師和輔導員，也曾任職國、高中校長，以及中等學校協調人。他深諳鼓舞教職員士氣的技巧，撰有多本教育類暢銷書籍，包括《優秀老師大不同》、《應付難搞老師》（*Dealing With Difficult Teachers*）、《教書這一行》（*Teaching Matters*）、《優秀老師的金玉良言》（*Great Quotes for Great Educators*）、《優秀校長大不同》（*What Great Principals Do Differently*）、《鼓舞老師》（*Motivating & Inspiring Teachers*）和《應付難搞家長》（*Dealing With Difficult Parents*）等，對教育界貢獻良多。

安妮特．布諾（**Annette Breaux**）是當今教育界堪稱見識廣博，作品又極富趣味性的作家兼演說家。她傳授教師族群在課堂能立即派上用場的管理技巧，經證實成效卓著。安妮特曾擔任中小學老師、課程協調員、路易斯安那州初任教師導入方案的撰寫人，以及蒂博（Thibodaux）尼古拉斯州立大學（Nicholls State University）資深的師資培訓專家。

安妮特的著作包括《給新手老師及師資培訓的一〇一道問答》（*101 Answers for New Teachers and Their Mentor*）、《真正的老師、真正的挑戰與真正的妙方》（*REAL Teachers, REAL Challenges, REAL Solutions*）、《安妮特・布諾詩選》（*The Poetry of Annette Breaux: Tips and Poems for Teachers and Students*）、《十天達成最大教學成效》（*10 Days to Maximum Teaching Success*）和《七個簡單祕訣》（*Seven Simple Secrets: What is the BEST Teachers Know and Do!*）等，受到教育界人士一致盛讚。

安妮特除了傳授教師們許多簡單易行的課堂管理策略，更不時提醒老師「教育工作是最高尚的職業」，她在著作和演說中為無數教育工作者培養積極的心態、提升信心與使命感，名聲斐然。

※編註：為呈現英文原詩的協韻之美，左頁「真心話大交換」單元特地保留英文以供參照，增加閱讀樂趣！

真心話大交換

「如果我的學生能守規矩，我的日子不知會多麼美好。
照他們現在的情況，我看我很快會完蛋。
他們說話、大笑、吵鬧、打架、丟東西。
我該怎麼辦？我不知道。
我拜託，我懇求，我處罰，我大叫。
請幫幫我吧，我快要用光力氣了！

你說什麼？你們有辦法讓學生守規矩？
其中有些方法很簡單，連我也能做到？
你們能讓我維持精神正常？」

是的，沒錯，我們相信我們能幫助你減少不必要的痛苦。
我們寫這本書的時候，考慮到了你的需求。請聽我們說明。
如果你把我們的話聽進心裡，並且採用我們給你的建議，
我們相信你很快就會親眼看到學生行為大幅改善！

"Life could be so wonderful if my students would just behave
But at the rate they're going right now, I'll see an early grave
They talk, they laugh, they hit, they throw
What will I do? I do not know
I beg, I plead, I punish, I scream
Oh help me, please, I'm losing steam

What? You have the answer to get students to behave?
Some simple things that I can do? My sanity you'll save?"

Yes, we think that we can help to ease your needless pain
We write this book with you in mind. Allow us to explain
That if you take our words to heart and do what we suggest
We think you'll soon be witnessing behavior at its best!

陶德 · 威塔克與安妮特 · 布諾

序言

「如果家長多關心子女一點就好了！但願我們的校長能有所作為，管一管那些素行不良的學生！如果上一任老師沒有放任他們為所欲為，現在我這班的學生就不會這樣無法無天！」聽起來有些耳熟嗎？是的，我們經常聽到這些說法，甚至連自己也不時這麼抱怨著。但事情的真相是，**我們對此無能為力**。不管我們認為是家長沒有好好管教子女，或者校長應該多一點擔當，還是其他老師應該更能幹一些，這些情況確實都不在我們的掌控之中。

本書著重於傳授簡單好用的策略，讓你能做好一件「你絕對能掌控」的事：**每天發生在你課堂上的事**。無論外在環境因素如何，無論學生的家庭生活背景如何，也無論校方或教育部擬定什麼樣的政策計畫，是「老師」掌控了課堂裡所發生的事。

你也許會問：**為什麼學生就是不守規矩呢**？嗯，這麼說吧，一個不變的事實是：我們負責教導孩子，而孩子們做出孩子氣的事。孩子缺乏成年人的判斷力，他們不必然會做出合適或對他們有益的事。他們確實喜歡測試我們的底線，而且多半不會自動自發把事情做好，也不懂得自我約束，所以，他們才會需要我們！

某位講者對一群老師發表演說，其中一位老師舉手發言：「你說的都很有道理。你的建議對某些學生或許有效，但是你不瞭解我們的處境。我得不到學生家長們的支持，而如果家長不站在我這邊，我根本不可能教好我的學生。」只見這位演講者問了個簡單的問題：「所以你的意思是，假設明天學校旁邊開了一間孤兒院，你就無法教導這些孤兒學生？」在場聽眾陷入一片靜默，那位老師也頓時語塞。當然，這些學生仍然是可以被教導的。他們的問題或許和有父母教養的孩子不同，但是他們仍然是可以被打動和教導的。

就好像在攀登頂峰之前，你必須先爬上山頂；在享受假期的觀光行程之前，你必須先到達目的地。同樣的，**在教導學生之前，你必須先打動他們的心**。每個學生都帶著一堆屬於他自己的問題和夢想、優點和缺點，以及他特有的長才和不足，但我們相信每個學生都是特別的，他們都應該得到一次、兩次、三次，甚至是第四次機會。**每個孩子都應該遇見一位相信他的老師**。如果你正在讀這本書，我們相信你正是這位老師。

1 歡迎光臨

思考點

「退休後我想去沃爾瑪（Wal-Mart）百貨公司當接待員。」我想你聽過這種說法，甚至你自己也說過類似的話。但你是否曾認真想過，為什麼這麼多老師老是這麼期盼？告訴你，我們的確做過分析。

像沃爾瑪這類商店確實雇用了許多人員，來「假裝」他們高興見到你這位進入店裡的陌生人。事實上，這些人所做的正是許多老師退休後所嚮往的工作。這麼多老師說他們想退休、想當沃爾瑪的接待員有兩個的原因：一、沃爾瑪的接待員看起來很快樂。二、沃爾瑪的接待員看起來沒有壓力！誰不想要一份快樂又無壓力的工作？

可是請你想想，為什麼沃爾瑪要花錢請人來招呼顧客？沃爾瑪會這麼做的理由很簡單，因為覺得自己被需要和受歡迎的顧客比較願意消費，並且樂於再次光顧，甚至願意掏錢購買更多商品——這就是答案！這正是為什麼當你踏進餐館，或是任何想讓你感到「賓至如歸」的機構時，門口都會有人招呼你。

因此，這個概念是否同樣適用於學生身上？我們是不是應該設法讓我們的學生（顧客）在每次踏進教室時，都感到愉悅和受歡迎？我們不也希望他們「**購買**」我們所「**販售**」的東西？我們不也希望他們**再度光臨**？以上這些問題的答案都是肯定的！

解決方案／課堂策略

所以我們不妨在課堂上實施這個簡單的策略。我們觀察過許多老師，他們多數都宣稱每天會跟學生打招呼。事實上，我們發現有些老師確實如此，但有些則不然。因此，我們得先釐清什麼樣的作法**不算是**打招呼。

有些老師會站在教室門口，當學生進門時，他們是這麼說的：「進來。你們的功課已經抄在黑板上了。進教室後就開始做功課了！趕快，大家動作快一點。上課鈴聲快響了！」這位老師**不是**在打招呼，而是在說：「歡迎來到我的地獄！」用這種沒有吸引力的方式「驅趕」學生進教室，你不可能指望學生以為你歡迎他們上門！而不認為自己被需要的學生，正好是製造不良行為的配方，這個時候甚至還沒開始上課！只是引信已經被點燃，愛搗蛋的小傢伙們正蠢蠢欲動。

現在，我們來看看什麼才是真正的打招呼。那些似乎總是最少遭遇學生行為問題的優秀老師，他們知道沃爾瑪這類商店所運用的簡單策略：如果老師（打招呼的人）每天看起來都很高興見到他的學生（顧客），而且確實讓學生在課堂上感覺到被需要和受到重視，那麼，學生就可能會「買單」老師所「販售」的東西，而且隔天和往後也更樂意再次「光顧」他的課堂！

所以我們提供你一個每天向學生打招呼的簡單方法。你用不著絞盡腦汁想方設法地表現，只需要模仿以下優秀老師們的作法——你只需每天、每堂課站在教室門口，說出這些話：「嗨，你好嗎？謝謝你來上課。你今天穿得很漂亮。我喜歡你的新髮型！傑森，很高興你今天回來上課，我昨天很想念你喔！」好吧，即使你昨晚在床上祈禱，但願傑森**再也別**回來了，但重點是傑森對此並不知情！他相信你很高興見到他，因此他更可能會守規矩。

事實是，如果學生感覺到被需要和受到重視，他們在課堂上就比較不會搗亂。想想看，只要簡單「打個招呼」就能解決掉許多問題，何樂而不為？真的是這樣。**如果你持續每天跟學生打招呼，傷腦筋的管教問題很快就會大幅減少**。不相信這個說法的人不會願意每天跟學生打招呼。現在，我們鄭重提醒你，如果你習慣用負面的態度和學生相處，而且也很少面帶笑容迎接學生，那麼一開始實施這個新方法時，你的學生可能會感到困惑，或是覺得你「假假的」。你得花上好幾天的時間說服學生相信，你已經「改頭換面」。無論如何，請你堅持下去！因為隨之而來的結果，絕對值得你這麼做。

你的「問候」是否顯得有些虛情假意？或許吧。你真的每天都樂意見到所有學生嗎？或許不是。但請記住一點：我們是受雇來當演員的！你也知道，沃爾瑪的接待員或許並不是那麼高興見到你！飛機上的空服員也許覺得疲累，希望航班座位很空，但是既然你搭乘了他們的班機，他們還是得擺出笑臉來迎接你！然而，你應該從未注意過他們的噓寒問暖表現得有些誇張。身為顧客，感覺到被歡迎、被需要和受重視，是他們應得的服務，何不讓你的學生也有相同的感受，而且每天都享受這種待遇呢！即使你一開始的確有點造作，但很快你會發現，當你越是努力「做假」，你越能開始真的感覺開心，因此你的問候會變得越來越真誠。一舉兩得！

還有，何妨在每天下課時也向學生道聲再見吧，這會花你多少力氣呢？如果你在上下課的空檔都開心地跟學生們打招呼，一定會鼓勵他們有更良好的行為表現！

最重要的是……

如果你希望學生喜歡來上你的課，那麼你必須讓他們相信，你真的希望他們來上課。你可能想像不到，簡單打個招呼，會讓某些學生的一整天變得更加愉快！

真心話大交換

只是一聲「嗨」

每天我走進她的教室，她都微笑，還對我說哈囉。
這對我好重要，但是她都不知道。
她不知道，只有她讓我覺得我是有人要的。
她不知道，她的微笑陪伴我度過害怕的時刻。
她不知道，我在家過的生活對一個小孩來說實在太辛苦。
她不知道，有她上課的教室是我避難的地方，
我的快樂其實都是裝出來的。
她不知道，我在很難過的時候也可以為了她而努力認真。
她也不知道，我用微笑掩飾痛苦，因為我很堅強。
就算這些她都不知道，可是，對我來說有一件事很重要：
在某一個地方，有人要我。
有人要我在那裡出現，要我上課，要幫我發現我可以去學好多好多事情。
除了學到課本裡的內容，那年我還學到一件事：
世界上有一個人覺得，我是值得她說一聲「嗨」的人！

A Simple "Hi"

Each day when I entered her classroom, she smiled and said hello
Just what that gesture meant to me, she truly could not know
She did not know that she and only she made me feel wanted
That her smile got me through a time in life when I felt daunted
That life at home was way too tough for any kid to take
That her classroom was my refuge, that my happiness was fake
That for her I put my best foot forward, even when times were rough
That my smile was façade to hide my pain, for I was tough
But even though she never knew, it meant so much to me
That there was one place in my life where someone wanted me
Wanted me to be there, wanted me to learn
Wanted to help me realize there were good things I could earn
For beyond the books and content, I learned that year that I
Was someone who, to someone, was worth a simple "Hi."

2 介紹信

思考點

想像一下你是某學齡兒童的父母。暑假期間，你收到孩子下學期的新老師所寄來的一封信，她在信中親切的自我介紹，並說明教學理念、對你的孩子的教學計畫，以及她有多麼高興能在未來擔任你心肝寶貝的老師。

再想像一下你是即將入學的新生，突然接到新學期老師的來信，信裡說到她多麼歡迎你將成為她班上的學生，她迫不及待想見到你、認識你和教導你。

回想一下當你身為父母或學生時，你收過多少封這類來信？即使有，也不太多，對吧？所以，有幾點值得我們思考：

- 家長希望子女能遇到能幹、有愛心而且值得信賴的老師
- 孩子希望老師很樂意教到他們，也期待班上有像他們這樣的學生
- 希望你會關心他們子女的家長，日後比較能夠跟你配合
- 認為老師有愛心的孩子，比起認為老師沒有愛心的孩子，比較可能在課堂上展現出良好的行為

這並不是什麼深奧的大道理，只不過是基本的人性。我們不妨利用對於人性的瞭解，將這些簡單的道理應用在課堂上，好讓學生們有更好的表現。

解決方案／課堂策略

有一個簡單的方法能先為學生的良好行為打下基礎，那就是在開學之前寫一張便條給學生和家長。你可以在收到班級名冊後，擬好兩張簡單的便條，一張給家長，另一張給學生。請參考以下格式：

親愛的某某家長：

我是＿＿＿＿老師，我想告訴您，我很高興有這個機會在新學期教導貴子女。本學期令我十分興奮，因為我們將要……（說明你在你教授科目中想完成的某些計畫）。

我很榮幸能教導貴子女，而且一定會盡力幫助他／她，使他／她可以充分發揮潛能。若需效勞，我樂意隨時提供協助，或回答您的任何問題。有需要時，請打○○○○（學校電話號碼）與我連絡。

感謝您讓我有機會教導貴子女。

＿＿＿＿謹啟

親愛的某某同學：

我是＿＿＿＿老師，在這個新學期，我將擔任你的級任老師。我很高興你將成為我班上的學生，我迫不及待想認識你。相信我，我會盡我所能讓你擁有最棒、最有成就感的一個學期。

感謝你成為我班上的一分子，讓我們共創美妙的學期！

＿＿＿＿＿＿謹啟

最重要的是……

寫下這封介紹信後，你已經為新學年的展開，以及你和家長之間的關係奠定良好的基礎。你或許可以詢問校方能否支付這些信件的郵資，甚至考慮將兩封信裝入同一個信封以節省郵資。如果這樣仍然會造成你的財務負擔，那麼，你至少可以在開學第一天親手將這些信交給學生。

簡單一封信就能讓學生們往後有更好的行為表現——不管他們就讀什麼年級！

3 規定和程序

思考點

傳統上總是認為，發生在課堂的主要問題是學生缺乏服從性。但事實正好相反，其實問題最常出在老師缺乏定義明確而且貫徹實施的「規定」和「程序」。然而，這並不表示，只要老師具備了清楚界定的規定和程序，就能輕鬆管教學生——他們還是會面臨管教方面的挑戰。不過，能有條理地釐清規定和程序的老師，在管教學生時會遇到的挑戰肯定要少得多。事實上，優秀老師的確也會遇上管教方面的**挑戰**，但是他們卻很少會有管教方面的**問題**，這是因為他們知道如何避免讓「挑戰」**演變成**「問題」。他們的秘訣何在？不外乎是明確而且被貫徹實施的規定和程序！

我們經常發現，許多老師並不明白規定和程序之間的差別，以下簡單說明：

- 規定是用來定義「嚴重過失」，例如「**不動手打人**」；如果違反規定會遭致懲處
- 程序是你希望某件事以某種方式進行，而且每次都遵循相同的方式
- 違反規定的學生必須受到懲處
- 如果學生未遵守程序，你只需讓學生演練程序
- 你所設下的規定切記不要超過五項
- 你應該建立許多程序
- 事先讓學生知道，如果違反規定，就得承擔某種明確的後果
- 程序可以包括：學生應當如何列隊行進、上課想發問時該怎麼做、需要削鉛筆時該怎麼做，以及如何進出教室或隊伍等

現在來看看當老師將規定和程序混淆時會出現什麼問題。他們可能會在「規定條文」中列入諸如「**我不會不按順序發言**」的陳述。說到這個，在不當時機開口說話，實在稱不上**嚴重**的過失。這算惱人的冒犯行為？的確是。是嚴重的過失嗎？當然不是。因

此，「我不會不按順序發言」這項陳述，應該被列入「程序」的範疇，而且可以表述成「**我們同意在發言之前應該先舉手，並且得到准許**」。所以，如果學生不按順序發言，你該如何處置？你只需提醒他發言的程序，必要時再次演練一下。

情況十分清楚：如果學生忘記某項程序，你就讓他們重新演練這項程序；而如果學生違反某項規定，你就處罰他們。

解決方案／課堂策略

規定

先確認在你的課堂上，哪些舉動是屬於嚴重過失。例如以下這個規定：「我們同意不動手打人」。請注意兩件事：一、**動手打人是嚴重的過失**。我們都不希望學生在教室裡出現暴力行為。二、**規定應以正面的方式陳述**。最後，設法將你的規定控制在五項之內。把這些規定清楚告知學生，討論一下為什麼這些規定很重要，並說明不遵守規定的後果，然後貫徹實施。你的態度不需要嚴厲，但是立場必須始終如一。

程序

不要奢望一次就建立起所有的程序，這對學生來說會有點難以消受。你不妨從最重要的程序開始確立，然後每次增列一些新項目。在建立程序時，務必參照以下六個步驟：

一、陳述程序，並討論它的重要性。
二、示範程序，讓學生明白這個程序確切的步驟。
三、跟學生一起演練。（演練程序並非小學生才會有的行為，就連專業級的美式足球隊每天也都得演練許多程序！）
四、當學生確實遵守程序時，請不吝給予讚美。如果學生「忘記」程序，得提醒他們注意。
五、當學生忘記程序，你要保持冷靜，持續和他們一起演練。
六、對所有建立的程序都要一以貫之的實行。

如果你打算建立程序，我們建議你從最重要的一點開始落實。對了，你可知道哪一項程序對每個老師來說都是不可或缺的？那就是**你始終能用來獲得學生注意力的方法**。這項程序十分必要，因為如果上課時你無法獲得學生的注意力，你便無法順利教導他們。所以問問自己：「每當你想引起學生注意，你都怎麼做？」你是否擁有某項程序，例如某種用來要求學生注意的訊號？你的學生是否知道你的程序是什麼，他們對它有何反應？或者，你是否嘗試做某些動作，例如把手指放在唇邊說「噓……」或「注意聽我說」，甚至突然啪嗒一聲把另一盞燈打開……等許多老師會做卻徒勞無功的舉動？其實，要集中學生的注意力並沒有所謂正確方法，然而有些方法卻絕對不會奏效——包括乞求、威脅和警告，都是沒有用的。

最後，無論你的程序是什麼，都必須一以貫之，而且你得陪學生們一再地演練。另外，當你在各種情況下運用這些程序時，絕不能顯露出萎靡不振的樣子。（我們知道有些老師在沮喪時，真的很容易彎腰駝背、無精打采。這樣子可不好看！）

最重要的是……

有太多老師以為良好的管教方案（包括明確的規定和程序），不外乎表現得**和藹可親**或**疾言厲色**，但事情並非這麼單純。管教學生的方式其實還關係到能否**前後一致、貫徹到底！**要知道，如果你總是**和藹可親，但是管教方法前後不一致**，學生會「喜歡」你沒錯，但你無法管理、乃至於進一步教導他們。如果你總是**疾言厲色，而且所用的方法前後不一致**，那麼你的管教注定失敗。如果你**疾言厲色，但是管教方法前後一致**，情況也許會好一點，但效果仍然不理想。當然，如果你永遠**和藹可親，而且能秉持前後一致的原則**，那麼你的課堂管理會非常成功，教學效果也更容易提升。

所以你得訂立完善的規定和程序，並且從頭到尾徹底實行、不打折扣，這樣肯定能讓學生有良好的行為表現！

4 你還好嗎？

思考點

「你還好嗎？」這句話道出了「我在乎你」的心意，世界上最教人窩心的事，莫過於知道有人關心我們。如果學生感受到老師對他的關心，他能不好好地表現嗎？反過來說，如果老師不在乎學生，那麼又如何能激勵學生表現出良好的行為？

促進良好行為的配方

取出一名不守規矩的學生，倒入一杯量的憤怒，

再加入一條脖子上暴突的青筋和一聲充滿挫折的嘆息。

將它們充分攪拌、加熱，直到沸騰冒泡。
這道料理很快就完成，結果是你的麻煩倍增。
如果你不喜歡這滋味，我來提供良好行為的配方：
取出一名不守規矩的學生，問他「你還好嗎？」
取得他的信任，並全心全意關愛他。
一旦他發現你並非故意為難，而且願意相信你的真心，
往後一整年，你都會品嚐到良好的行為！

解決方案／課堂策略

「你還好嗎」是一個簡單有效的技巧，基於以下前提：**如果學生相信你真的在乎他們，他們就會表現出良好的行為**。你可以這麼做：下次有學生在課堂上作出不當舉動時，將他帶出教室，以誠懇的語氣問他：「你還好嗎？」（你必須表現出真心關切的樣子——這點十分重要。）你可能會看見這名學生面露驚訝，不過你幾乎都會得到這樣的

回答：「我沒事。」接下來你可以說：「我會這麼問，是因為你剛才在課堂上的行為是不恰當的，完全不像你會做的事。」（好吧，或許這話說得有些誇張，因為那種行為根本是這個學生的**家常便飯**，不過你應該明白說這句話的用意……）「所以我知道，你會這麼做一定是發生了什麼事。我只想告訴你，如果你需要找人談一談，我很樂意奉陪。」就這樣，然後你們直接回到教室。

你因此解決掉這個學生的行為問題嗎？是的。你已經清楚表明這種行為是不恰當的；至於這個行為會因此改善嗎？幾乎一定會！

請注意，你沒有做的事也十分重要：你不必警告他「下次不可再犯」，也切勿顯露出被激怒的樣子、不要威脅他，也不要貶損他，你只需表現出關切和在意他的不當行為。

一位中學老師和我們分享了這個故事。

> 我聽過你們談到「你還好嗎」的技巧，但我打從心裡不相信這個方法會奏效。我教到一群高風險學生，他們的行為是我所見過最頑劣的。某次聖誕假期過後，有個學生連續三天在課堂上什麼事也不做，多數時間都趴在課桌上睡覺。我越來越生氣，而且感到挫折，於是決定試試看那招「你還好嗎」的技巧——當然，我自忖這不可能行得通。我帶他到走

廊上，問他：「你還好嗎？」這個學生竟然開始哭了。他說：「不，我一點都不好！聖誕假期，我被診斷出得了癌症，是侵犯性很強的那種病，緊接而來的化療讓我非常想睡覺。但是我真的很想待在這裡，因為我不知道我還能活多久。」（這位老師在分享故事的時候流下眼淚。）他接著問他：「你為什麼不告訴我？」學生回答：「我不知道你在乎。」

這位老師真的在乎嗎？他當然在乎。後來我得知，只要他一有空，就會帶這名學生去做化療。事實是，即使你關心學生，也不等於他們自動會明白這一點，許多學生想當然爾地以為我們不關心他們。因此，我們得努力讓他們相信我們確實關心他們。

最重要的是……

學生一旦認為老師不關心他們，往往會產生以下結果：

◆不當的行為

◆憤怒的態度
◆對老師輕蔑無禮
◆對任何事都表現得冷漠而且不感興趣
◆缺乏學習動機

如果老師懂得展現對學生的關愛，學生多半會表現出以下行為：

◆良好的行為
◆正面的態度
◆尊重老師
◆對每一件事充滿好奇
◆強烈的學習動機

你喜歡哪一種結果？決定權在你手上！

5

親愛的，你可以再靠近一點

思考點

許多研究證明，**有形的障礙會造成心理的障礙**。舉例來說：如果你走進房間與某人碰面。一種情況是：這個人坐在書桌後木然不動，另一種情況是：他從書桌後面起身，走過來坐到你身旁。試想，哪一種情況比較容易讓人心生畏懼？一旦障礙物（書桌）被移除，威脅感便隨之減輕了。聆聽演講時，講者一直站在講台後方說話，或是走下講台與聽眾互動，給人的「感覺」也是截然不同的；隔著餐桌與人一起用餐的親近感，當然也遠不及兩個人並肩而坐分享食物。抓到重點了嗎？讓我們把這個概念運用到課堂上。

解決方案／課堂策略

老師們經常不自覺地用有形的障礙物將自己與學生隔離開來——這類障礙物可能是書桌或講台。即使學生並不認為你是刻意製造出有形（或心理上）的障礙，不過他們的行為也說明了至少在潛意識中，他們是這麼認定的。**在課堂上，如果老師與學生之間存在著有形的距離，那麼，學生的不當行為可能會變本加厲**。

有什麼方法可以輕鬆解決問題？你只需走出書桌或講台，然後走進學生之中講課就行了！這個簡單的舉動向學生傳達出一個訊息：你「就在這裡」，和他們在一起。此外，你與學生距離越近，他們越不容易作出不當的行為。你可以試試看，如果某個學生正在搗亂，你只要走過去、停在他身旁——用不著對他使眼色。你繼續上課，完全不必改變授課步調，就只是站到稍微靠近他的地方——這一招幾乎總是會奏效，能讓他收斂不當的行為。因為**學生如果發現老師緊貼在他們身旁站著，他們就比較難搞鬼**。

此外還有一件事得注意：大量案例說明，**老師們習慣待在自己的「舒適區」，而且往往會被「吸向」教室裡某個特定位置**。這種情況最好盡量避免，因為大多數的行為問題都發生在距離老師最遠的地方。那該怎麼辦？答案是：保持移動狀態！你不必非得在教室裡轉來轉去，走個不停，你只需在授課時有目的地移動位置。

問問自己，如果有人問在你教室的學生：「你們老師上課時通常站在哪裡？」你的學生能不能回答這個問題？理想的答案應該是：「我們老師會站在各個不同的地方，從來不會在同個位置待太久。」遺憾的是，如果這個學生誠實回答，大多數老師會承認他們往往駐足在教室裡某個固定的位置。所以，離開你的「舒適區」吧，設法更靠近你的學生，上課時盡量在學生周圍走動。

最重要的是……

你跟學生靠得越近，他們上課時越能投入，越能展現良好的行為，而不會「玩把戲」。「貓不在，老鼠就作怪。」這句話說得一點都沒錯。親愛的老師們，請靠你的學生近一些，盡量移除你們之間有形的障礙。上課時別老是待在講桌後方，你靠學生越近，越不必為他們的行為問題而煩惱，也能降低因不良秩序而產生的挫折感。

6

對學生有信心！

思考點

- 許多學生不相信老師真的對他們有信心
- 許多學生不相信父母真的對他們有信心
- 許多學生不相信有任何「大人」真的對他們有信心
- 因此，有許多學生對自己沒有信心
- 對自己沒有信心的學生往往產生較多的行為問題
- 對自己有信心的學生確實讓老師在管教上較不必費心

孩子們不會從小就自然而然地相信自己，他們必須在生活中尋求「大人」的典範，並據此來決定他們的價值感。**如果學生在家中缺乏正面模範，他唯一的希望就是求助於學校老師**。也就是說，一旦學生在家裡缺乏正面模範可供學習，往往會出現相關的行為問題，連帶讓老師的工作也變得更有挑戰性——當然，從來沒有人說教書是件輕鬆的差事。

每個孩子都應該有一個願意相信他的大人，不過話說回來，即使孩童家中的確擁有正面的楷模，他也能相信自己，但是萬一有某位老師不相信這個孩子，整個平衡就會被破壞！如果我們能意識到，學齡兒童居然花費這麼多時間與老師相處（在他們清醒的時光中，和老師在一起的時間往往多過與父母親相處的時間），便不難理解為什麼老師對學童的生活會造成如此強大的影響力。再者，在你能**教導**一個孩子之前，你必須先**擄獲他的心**。因此，身為老師的主要任務，應該是打動你所教導的每位孩子，而想打動孩子的心，你得讓他相信：你對他有信心。

解決方案／課堂策略

好，我們已經確認了這個事實：你必須讓所有的學生相信「你對他們有信心」，這樣才能擄獲他們的心，進一步教導他們。那麼，**老師該如何表現出對學生的信心呢？**你可以這麼做：

- 運用大量鼓勵，並善用「你能辦得到」的正面表述
- 給予學生高度支持
- 發揮充分的耐心
- 時常對學生說「我對你有信心」

你希望學生相信他自己嗎？那麼你就明白**告訴**他：你對他有信心，你不會放棄他，而且會永遠支持他。

我們發現有太多老師忘記做這件事——告訴學生，讓學生知道老師確實對他們有信

心。這是件簡單的事，只管去做吧！

最重要的是……

對自己有信心的學生會更守規矩。因此，信任學生的老師比較不會遭遇到嚴重的管教問題。如果你心裡出現質疑的聲音：「只要相信學生，他們的行為就會有所改善？事情怎麼可能這麼簡單！」那麼你顯然從未嘗試過這麼做。試試看吧，你很快就會收到效果！

♥真心話大交換♥

相信我

我不懂為什麼要這樣，我們老師上課就是一直趕進度。
她說她沒時間等我頭上的燈泡亮起來。
所以她往前進，把我丟在原來的地方，灰頭土臉。
我其實做得到，但是她不相信。
假如她願意全部都教我，願意伸出手拉住我，而不是讓我一個人跌倒，
我現在會不會也跑到很前面了？
我想我永遠不會知道答案，但我知道，現在事情還不算太遲。
我遇到了一個新老師，她沒有馬上就說我沒救。
她反而說我一定做得到，然後跟我一起努力，現在我終於做到了。
她好有耐心，她也好堅定。
她相信我做得到。你信不信呢？

Believe In Me

I didn't understand, but my teacher just moved on
She said she had no time to wait for the light on me to dawn
So on she moved and there I stayed; she left me in the dust
The idea that I was capable was one she did not trust
How far would I have gone had she given me her all?
Had she just reached out her hand to me and not just let me fall?
I guess I'll never really knew, but I knew it's not too late
I have a brand new teacher now who has not sealed my fate
She says that I can do it; we work until I do
She's patient and determined.
She believes in me. Do you?

7 座位安排

思考點

當你和朋友一起看電影、球賽或看戲，你會坐在哪個位子？你會選擇坐在陌生人隔壁，還是偏好坐在朋友身邊？我們當然知道答案。為什麼你喜歡坐在熟識的人身邊？因為你覺得待在朋友身旁比較自在，你可以跟他們交談，這會比較盡興，對吧？其實這很正常，大家都是這樣。

如果你和朋友在電影院正準備享受一場電影，有個人在影片開播前走進來宣布：「大家聽我說，現在由我來決定你們該坐哪個位置。我要確定每個人身旁都坐著不認識的人，以免彼此交頭接耳，因為看電影的時候不可以有人開口說話！」想像一下，如果發生這種事，有自主權的你可能當下就拂袖而去，最少也會生氣。同樣的，這也是很正常的反應。

你是否猜出我們接下來要談什麼？**開學第一天，學生走進教室，他們也想盡可能擁有舒適自在的感覺**，於是他們選擇坐在自己的好友身旁——基於前文提到的原因。相較於與陌生同學相處，他們顯然更容易與認識的人打成一片。當然啦，這對於身為老師的你來說，也許就意味著「麻煩」。現在，你得作出選擇。

大多數老師以為他們只有兩種選擇：一、讓學生自己選座位，等到發生了某些行為問題，就強迫他們換位子。或是，二、先幫學生安排好座位，避免他們身旁存在許多誘惑。不過除了這兩種方法，我們認為還有一個更好且更有效的妙招。

解決方案／課堂策略

開學的第一天，你不應該馬上留給學生一個壞印象，因為你希望他們明天仍然樂意再回到你的課堂上。然而，這麼做並非要你放手讓學生主導，我建議，在開學的第一天，你不妨讓學生們自己挑座位。當然，你得讓學生知道，你希望他們在教室裡能自在舒服，所以你決定頭幾天讓他們自由選擇座位。只是有個條件：「幾週後，我們會就實際的相處情況來討論，我想你們會喜歡這種安排。」就是這樣，一開始只透露這些訊息。

事實上，幾天內你就會注意到，**有些學生能坐在他們的朋友身旁，完全不會引起任何騷亂**。但有些學生們也的確是不適合坐在一起的好伙伴。為了教室秩序，你必須挑出幾名學生，將他們的座位隔開。多數老師都認為，經過五至六次策略性的「座位調換」，每個人的座位通常都能得到妥善的安排。

所以，現在你需要的是一個讓學生開心換座位的計畫。在你自忖「讓我的學生開心不是我的職責」之前，不妨先想一個事實：快樂的學生會有更好的行為表現，他們會熱衷學習，而且全力以赴。快樂的學生會更積極，也會將快樂散播給其他同學——這就是重點了。如果某個學生因為座位關係而產生立即性的行為問題，那麼，你要怎麼幫他換位子？你要如何調換他的座位，同時讓他覺得開心？你得運用一些心理學的小技巧。以下是一位老師的案例：

我班上有五、六個學生因為行為問題需要換到別的座位。其中一個學生坐得太後面，我希望他坐在前排；而另外幾個嘛，我必須把他們跟某些同學隔開。但是我不想讓這件事看起來好像是我在處罰他們，於是我做了以下安排：我告訴班上學生，為了**我的**方便，我需要調換某些人的座位。我告訴那位坐在後面位置的學生，我希望他幫我的忙，負責收取從後排往前回傳的學生作業，因此**我需要**他坐在教室前排。結果他不但願意接受這項任務，也因為我讓他承擔一些責任而改善了行為！同樣地，我對另外幾位學生也如法炮製，各自分派他們不同任務，以及最能妥善完成任務的座位；他們不疑有他，欣然接受，而我的問題也順利獲得解決。此後，我繼續運用相同的方法，每次都能達成不錯的成效。

此外，你還可以**利用「合作分組」的概念來安排座位**。你可以告訴學生，你要根據他們的組別來分配座位。換句話說，你將學生分成幾個合作小組（由你決定小組成員，這時你必須留意哪些學生能在一起合作、哪些不行），接下來由你安排座位，讓同組組員坐在一起。他們絕不會發現，在你的刻意安排下，某些學生與他們的搗蛋鬼同黨被分開了。我們建議你每隔幾週就更換小組成員，並且事先讓學生知道，這些小組會時常重新分配，因此他們的座位也會跟著調換。

當然，如果某個學生積習難改，我們認為你應該坦白告訴他，並為此調換他的座位。不過我們相信如果你運用上述方法，你將發現被迫這麼做的次數會大大減低。

最重要的是……

最重要的是，課堂上的座位安排確實會對學生行為造成影響，因此你必須不時調換學生的座位。但是如果你能運用一些心理學技巧，就能在過程中替自己省下不少麻煩。

花點心思安排學生座位，你可以解決掉許多行為問題！

8 家長字條

思考點

大多數家長都相信他們將子女教養得很好，也以自己的寶貝為榮。一旦有人表示他們的子女其實並不完美，多數家長都會感覺受到威脅，甚至產生防衛心。當然，那是因為他們認為，不完美的子女會直接反映出他們是不完美的父母。**家長們最愛聽的話莫過於別人對自己孩子的讚美**。再者，多數孩子也希望他們的父母和老師以他們為榮。現在讓我們將這些認知帶進課堂中。

解決方案／課堂策略

我們即將與你分享的策略曾被運用在無數的課堂上，而且總能產生令人驚喜的成效。這個策略是，**每天寫一張字條，也就是說，給班上某位學生的父母親寫一張「快樂字條」**。這張字條可以這樣寫：

> 親愛的（某某家長），我十分以你的孩子＿＿＿＿＿＿為榮，因為＿＿＿＿＿＿
> ＿＿＿＿＿＿。我相信你也會以他／她為榮。

就是這樣，在空白處填寫內容，然後簽名。為了方便隨時發信，許多老師們會影印一些這種字條以備不時之需，這樣一來，填寫內容只需花上二十秒，卻能發揮深遠的效果。

比方說，你的班上有個對你的管教構成「挑戰」的學生，我確信你能找到許多理由——正當合理的理由——來寫信給她的父母，逐一條列這個孩子的諸多不當行為。但在這麼做之前，你不妨考慮一下，先「捕捉住」她守規矩時的良好表現，藉由這個機會寫張「快樂字條」給她的父母。可以預見地，這類字條幾乎總能安全到家，然後被張貼在冰箱上！你這麼做並非不誠實，因為你沒有聲稱這個學生**總是**行為良好，你只是趁機利用了學生表現良好的時刻，幫助他們繼續維持良好的行為。

想像一下，你每天寄發一張字條給班上某位學生的家長，就表示每個孩子的父母親每個月或每一個半月（視班級大小而定），都會從你這裡收到一張具有正面意義的字條。即便是兩個月才收到一張，相較於從其他老師那裡收到的字條，你的字條傳達了積極的訊息！

透過這些字條，你會建立起一種正面形象：**你是一個會注意到學生良好表現的老師，而且真正關心你所教導的學生**。因此，等到你真的有必要和學生家長連絡、討論他們子女的不當行為時，他們更容易接納你的建言。當然，這個道理並不深奧，只是基本的人性心理！

最重要的是，**如果學生發現你竟然會注意到他們的良好表現，他們多半會自動收斂不當行為！**這項技巧簡單易行，頂多占用你幾分鐘時間，卻能換來更多分鐘的良好行為。

最重要的是……

寄發「快樂字條」給家長的這個技巧絲毫不費力氣，卻能有效增進與家長和學生之間的關係，也讓學生的整體行為獲得改善，這對老師來說實在很划算！**簡單寫張字條，就能促使學生有良好的行為表現！**

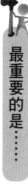

9 學生親筆信

思考點

一點點心理學小技巧可以發揮無窮的妙用！長久以來，為了寫出「你的孩子在我班上不守規矩」之類的可怕字條給家長，老師們往往承受莫大的壓力。這種字條通常原原本本傳達了這名學生在學校做了什麼錯事，或者沒做該做的事，又或者對另一名學生做了什麼事……，但是這類字條有時會在運送過程中「遺失」，或在轉譯過程中被扭曲原意。

親愛的某某家長：

今天上我的課時，你的孩子幹了件糟糕透頂的事。

我不得不寫這張字條，而且感覺到憤怒和失望。

這張字條必須交到你手上，因為我認為你會想知道，

我希望你能和他談一談，並且處罰他。

這樣他才會開始學乖，不會一直惹麻煩！

如果我們不能防患未然，問題很快就會更嚴重！

親愛的某某老師：

我收到你的字條。我跟兒子談過後，他說他沒幹那件事。

他還說，不管他做什麼，你好像總是誤會他。

的確，錯誤行為需要被矯正，但是我認為需要被矯正的是「你的」行為。

我們希望你能道歉，並且彌補你對我兒子造成的傷害！

以上的意見交流聽起來再熟悉不過？如果是，我們有解決辦法！

解決方案／課堂策略

對學生宣布，如果他們有不當行為，你再也不會親自寫字條給他們的父母親——這項宣布多半能獲得不小的喝采，也讓學生如釋重負。但請你隨即告訴他們：「……所以，這類字條得由你們**自己**來寫。你們現在年紀夠大、也夠成熟了，我相信你們比較喜歡自己動手寫字條。」請注意，千萬別用挖苦的語氣來說這些話，而是表現得好像在施予他們恩惠。就是這麼回事。

當下次有學生作出不當的行為，而你想告知他的父母時，就讓這個學生自己動手寫字條。比方說，蘇珊用髒話罵莫妮克，而出口成「髒」顯然已經成為蘇珊的習慣。這時你只需要告訴蘇珊：「我想你明白你的父母需要知道這件事，所以請你寫張字條告訴他們發生了什麼事，好嗎？」

你告訴蘇珊，她可以在字條上寫出這些髒話。於是蘇珊萬般不情願地下筆：

親愛的爸媽，

今天在課堂上，我罵莫妮克是＿＿＿＿＊。

蘇珊

老師簽名：＿＿＿＿

家長簽名：＿＿＿＿

＊我們確信你能運用想像力來填滿空白處。

當然，你要簽上你的名字，然後讓蘇珊把字條帶回家，請她隔天再交回來。你可能會驚訝地發現，再也不會有家長跟你連絡，反駁他的孩子沒有做字條裡控訴的事，因為他的孩子確實親筆承認他做了那件事。這張字條是他的孩子親手寫的，而不是你寫的，這樣對家長來說較不具威脅性，而且也通常較為可信。

可是，萬一隔天蘇珊到學校時，聲稱她「忘記」把字條交給家長，那該怎麼辦？這時你只需要把蘇珊叫到身旁，並且打個電話給她的家長：「＿＿＿＿太太，我是蘇珊的老師＿＿＿＿＿。蘇珊昨天有張字條要交給你，但是她忘了拿出來，所以我就不再麻煩她帶回家了，我讓她直接告訴你字條內容。蘇珊就在我身旁，她現在可以和你說話。」然後你把電話交給蘇珊。這項技巧十分管用，通常只需要用上一次，學生的行為就會奇蹟般地改善。

最重要的是……

當學生用他們自己的措辭和筆跡明白「承認」所犯下的錯誤時，你可以免於被家長「指控」反應過度或者冤枉無辜，甚至小題大作等罪名。所以，當學生犯錯時，就讓學生親手寫張字條給他們的家長吧！

10 讓他們負責任

思考點

我們知道，讓一個人承擔些許責任，往往能促進這個人負責任的態度！但是許多老師都忽略了這個簡單的道理，忘了刻意花點時間培養學生的責任感。

「負責」，按定義來說，通常暗示對某人或某事有責任，但同時也意味著某種權威地位。**孩子和成人一樣，當他們處於權威地位，多半都能應付自如。**責任感強的人往往比缺乏責任感的人有更合宜的行為表現。有時，讓一個缺乏責任感的人負擔一些責任，能大幅提升他的責任感，但是你最好逐次賦予他少量的責任。然而，如果你不斷對某個缺乏責任感的人，指責他是多麼不負責任，他很可能變本加厲。因此我們要善用這些心態，使學生在課堂上能有更好的行為表現。

解決方案／課堂策略

儘管你是課堂裡的最高權威，儘管我也不鼓勵你將自己的職責全部交託給學生，不過你不妨試著讓學生分擔一點責任，甚至找出那些最沒有責任感的學生，並且訓練他們！以下是一位老師的經驗：

我的首要工作是找出那些最沒有責任感的學生，並且開始讓他們學習負責任。我知道在課堂上，被我特別關注的行為會被放大，而被我刻意忽略的行為則會逐漸減少，所以我設法將一些責任分派給我的學生，製造機會來誇獎他們變得多麼有責任感。我甚至寫字條告訴家長，他們的孩子非常負責任，讓我覺得十分欣慰。

即使我在中學任教，而我太太是小學老師，但是我們分派給學生的工作並沒有兩樣。我讓某個學生負責收齊回家作業，另一個學生負責擦黑板，再讓另一個學生負責發貼紙——沒錯，是發貼紙，用來鼓勵班上值得嘉獎的學生。我必須承認，是我太太給了我這個啟發，起初我不認為這麼做會有效果，但是後來我發現某些跟我處得不錯的學生，和其他老師之間卻有相當嚴重的問題，於是我相信這個方法的確有用。一次一次，我逐漸加重學生的責任，因為我的最終目標是要教導他們為自己負責。我發現當我賦予他們更多責任時，即使只是幾件小差事，他們也因此變得更有責任感。而當他們更勇於承擔的同時，也會變得更守規矩。

最重要的是……

上述這位老師提到的重點之一是：在課堂上，老師**所關注的事情會被擴大，而老師忽略的事情則會化小**。所以，身為老師的你，應該專注於培養學生的責任感，這麼一來，學生們不負責任的態度就會有所改善。一旦學生願意負起更多責任，他們的行為也會隨之收斂，這是再明白不過的道理！

11 著眼於成就

思考點

我們不惜一再強調：成功會孕育成功，這是一種連鎖效應。不過，這項事實顯然不夠明顯，否則所有課堂上的老師就只會著眼於一個共同的目標——幫助學生成功。研究顯示，課堂上老師對學生的負面表述遠多於正面表述，而人類大腦處理負面表述所需要的時間，遠遠超過處理正面表述所需的時間。甚至進一步的研究說明，當學生在處理負面想法時，幾乎處於「無法學習」的狀態。

基於上述原理，解決問題的方法應該不複雜。我們難道不想幫助學生邁向成功？這不正是每位老師念茲在茲的事？我們發現，**效能卓著的優秀老師極少作負面的表述**，而且我們也相信，每個老師都可以努力變得更正面、更積極，讓學生更有成就感。

解決方案／課堂策略

有一位老師十分擅長在課堂上運用「讓學生有成就」的技巧。她教到的是一群高風險學生，這群學生的行為問題令其他老師們頭痛不已，不但放學後被留校察看，而且也曾在先前的學校休學或遭到退學處分，完全不符合所謂「有成就」的標準。但是這位老師每年都設法做到兩件事：讓學生守規矩，以及讓他們獲得成就。你說，一個老師還能要求什麼呢？她在許多老師不願意教導的學生身上下足功夫，我們請她分享秘訣：

這些學生一向被貼上「壞孩子」的標籤，他們身上多半已經揹上幾條法律罪名。在我這個七年級班上，學生平均年齡是十五歲，而且他們最不想待的地方就是學校！所以我別無選擇，只能想盡辦法讓他們「獲得成就」，並說服他們相信：我對他們有信心——這是讓他們願意相信自己的唯一辦法。例如，開學的第一天，他們大多無法寫出一句完整的句子，而我得在學年結束時讓他們寫出一篇完整的作文，所以我必須從頭教起。我在開學第一天教他們寫每個人都能順利完成的簡單句子，然後用力誇獎他們，等到他們證明自己能做到，就會願意嘗試再進一步。

幾週後，這些學生已經能寫出複雜的句子，接著是簡單的段落，最後在學年結束前，他們完成了結構完整的短文！不僅如此，他們的行為比起幾個月前也大有改善。這位老師每年都能達成任務！我們觀察她上課有幾個秘訣：

- 她時常微笑
- 她展現出對學生的信心，尤其在學生缺乏自信的時候
- 她在學生現有的程度和基礎上教導他們，從不打高空或訂立過於困難的目標
- 她會累積每次小小的成就，持續給予學生讚美，從不潑學生冷水
- 她知道如何和顏悅色地「責備」學生

在這位老師上課的過程中，我們刻意計算她在一堂課中用了多少負面表述。你猜怎麼著？一次都沒有！相信我，她班上的學生能逼得所有老師抓狂，然而這位老師始終將目標放在「讓學生獲得成就」。問她如何能在課堂上保持如此樂觀積極的態度，她回答：

> 這些學生已經無路可退，天知道他們在生活中承受了多少負面的觀感。所以我不允許自己表現出負面態度，因為這樣於事無補。

我們建議你將這位老師的策略照單全收，仿效她的作法，努力幫助學生獲得成就。

最重要的是……

如果你想幫學生建立成就感，你必須擬定一套辦法，讓他們先小小地成功一次，然後在這個經驗的基礎上累積更多次的成功。每次上課都增加一點邁向終極目標的機會。請記得，**如果你開始著眼於讓學生獲得成就，他們的行為表現一定會進步！**

12

熱忱會傳染

沒有什麼比熱忱更具感染力。

——柯立茲（Samuel Taylor Coleridge）

正如成功孕育成功，熱忱也會傳染。**熱忱的人會散發出一種「感染力」**，如果你一直待在他們身邊，很難不沾染到這種特質。同理，冷漠的態度也具有感染力，在這一類人身旁很難不變得心情低落！

在一場運動賽事中留意場上的啦啦隊和教練，你會發現鮮少看見一個缺乏熱情的啦啦隊員或教練。再觀察一下興奮的看台區群眾，以及運動場上選手，這些人們無不展現出一股摩拳擦掌、躍躍欲試的態度。現在進入教室，你有感受到相同的熱忱嗎？情況往往令人遺憾，在很多學校和課堂裡，你完全感受不到這種興奮的情緒。

解決方案／課堂策略

請你問自己：「每天面對學生的時候，我表現出幾分的熱忱？」如果你誠實以對，答案可能是：「遠遠不足。」身為任重道遠的老師，我們是如此認真看待自己的工作，因此有時難免表現得過於嚴肅。然而，我們時常注意到，**最有熱忱的老師往往最少遭遇學生行為問題**。請別誤會，這並不是說你不需要良好的課堂管理技巧和充足的科目知識——你確實需要。不過，一個教學能力普通卻擁有高度熱忱的老師，遠比一個教學能力高超卻缺乏熱忱的老師，會表現得更有成效。

我們最老生常談的招數之一，也是所有優秀老師都知道的，那就是永遠表現出快樂、積極並滿懷熱忱的態度。這些老師是否真的快樂又熱情？學生其實無從分辨！再者，這些老師果真「隨時」鬥志高昂、蓄勢待發？也不盡然。但是，他們永遠顯得熱情洋溢？沒錯！親愛的老師們，這正是所謂的「專業態度」。

如果你不相信你的熱忱能對別人造成影響，不妨做個簡單的實驗。找一天在課堂上表現出熱忱滿滿的樣子，熱情地向學生打招呼、上課，彷彿這天是你這輩子最快樂的一天，我們保證你會看見不同的變化——你態度的改變，會造成學生態度的改變，最重要的，是學生「行為」的改變。事實上，我們相信這個實驗結果足以讓你天天都想表現得非常熱忱。這個實驗不會造成你任何損失，反而會讓你大有斬獲。

最重要的是……

事實是，你展現出幾分熱忱，決定了學生用幾分的熱忱來回應你。讓我們面對一個真相：如果在學生身旁，你無法展現對他們的熱忱，那麼你是入錯行了。孩童是世界上最熱血的動物！展現出你的熱忱，事情會變得大不相同！

13

打破沙鍋問到底

思考點

常有人這麼說，如果我們理解學生不良行為背後的原因，十之八九不會覺得氣憤難平，反而會感到悲傷。然而，當學生犯錯時，我們卻往往因為生氣或覺得挫折而處罰學生，告誡他們不准再犯，但卻忘記了最重要的——找出這些行為背後的原因。

♥真心話大交換♥

你好像就是知道了

我家出了一個問題，我很擔心。
所以我上課的時候不專心。
你問我是不是在煩惱什麼事。

我說我還好。
但是不知怎麼的，我覺得你好像知道。
你看穿我的心事。

你後來的舉動，説明了你懂。
你知道我盡了最大的努力。

因為你的諒解，
所以我永遠不會忘記你。
從這一天開始，不管你教我什麼，
我都願意學！

Somehow You Knew

I was struggling with a problem at home
And so, in class, my mind did roam
You asked if something was troubling me

And I said that I was fine
But somehow I could tell you knew
You saw inside my mind

Your actions said you understood
That you knew I was doing the best I could

And because of your understanding
I'll never ever forget you
And from this day forward, teach me anything
And I will let you!

解決方案／課堂策略

我們曾經和老師們進行一項實驗，並傳授他們「打破沙鍋問到底」的技巧。也就是說，當學生出現不當行為，你得先按捺住脾氣，冷靜地和他說話，問他為什麼這麼做（當然是以非常誠懇的態度，而且是在私底下詢問），切勿顯露出你的挫折感。如果他嘀咕著慣用的託辭：「我不知道。」那麼你就說：「好，那我們晚點再來談這件事，或許你需要一些時間想清楚。」稍晚，你一定要回頭再和他談這件事。通常，你會發現不當行為背後的確存在著確切的原因。

實驗過程中，老師們發現只要秉持著追問到底的原則，最後得到的真相往往令他們驚愕，而且這些故事多半讓人感到心痛。因為你會發現許多學生必須面對的問題，遠超過一個小孩子的能力所及。然而，這就是現實人生的殘酷面，幸好我們還有那些會關切學生的老師！

最重要的是……

如果學生的行為失當，背後通常存在著某些原因。他們的不當行為往往是一種求救訊號，一旦你探知行為背後真正的原因，便能提供他更好的協助，並且以妥善的方式來處理這個行為，使他們往後能修正不當的行為。

這是一個簡單、有效，做起來沒有壓力的技巧，**當發現學生行為不當時，請你務必要耐心追究原因，打破沙鍋問到底就對了！**

14 笑聲讓問題少一半

思考點

「笑聲是一帖良藥。」這句老生常談的諺語自有它的道理。科學研究屢屢證實笑聲能減輕壓力、降低血壓、幫助身體對抗疾病，以及促進腦內啡的釋放。笑聲也讓我們以正向的方式和他人建立關係。大笑一場能使我們感覺良好，保持愉快的心情，而當人們保持心情愉快時，更有利於大腦的學習和吸收。當我們感覺快樂時，也比較不會沉溺在生活問題和壓力之中。

相較於永遠氣氛嚴肅的教室，在笑聲洋溢的教室裡，學生會有更好的學習成效和行為表現。遺憾的是，有太多教室缺乏笑聲。我們分別訪談了五位老師——他們的教室不斷傳出笑聲，以及另外五名老師——他們的教室裡沒有一點笑聲。以下是這些老師們對課堂笑聲的看法。

- 「笑聲是課堂上不可或缺的好玩意，有助於大家保持好心情，也讓學生認為我的課堂是個安全愉快的地方。」
- 「教書是件嚴肅的工作。下課休息時間可以笑，但上課時間是用來授課的。」
- 「如果我允許學生笑，他們容易變得過於興奮，這樣會干擾我上課。」
- 「我教書已經超過二十年，這些年來，我每天都和學生們一起笑。學生需要笑，老師也是！」
- 「如果你規定我上課時不准笑，那我只好辭去教書工作。我無法想像沒有笑聲的教室。不過我知道在有些老師的課堂上是不准笑的。」
- 「課堂裡容許笑聲等於自找麻煩。即使是在嚴肅的環境中，要讓學生保持忙碌和認真聽講就已經夠難了。」
- 「在我的課堂裡，我認為笑聲是不可或缺的東西，對我的學生來說也是如此。我愛笑，學生也喜歡我跟著他們一起笑。儘管有些老師說笑聲會造成管教問題，但那不是事實。在我班上守規矩的學生到了某同事的班上卻成為問題學生，那位老師的課堂上不准笑，顯然學生們討厭這個規定。」

◆「我認為笑是件好事，但是我會擔心如果放任學生大笑，情況可能會失控。所以我設法讓場面保持嚴肅。」

◆「我無法理解為何有些老師能老是扳著一張臉。他們真可憐，他們的學生也是。我喜歡和學生一起笑，但我會讓他們知道笑的時機是否恰當，所以在我的課堂裡，這從來不是個問題。」

◆「我的學生一笑起來就會失控，所以我絕不考慮縱容他們笑。」

你能不能判斷哪些教室裡有笑聲，哪些教室沒有？為了進一步證實訪談結果，我們觀察了受訪老師上課的狀況。時常傳出笑聲的課堂占了其中五分之一，我們在其中發現下列現象：

◆快樂的學生
◆快樂的老師

- 學習熱忱
- 整體良好的學生行為
- 態度積極的學生
- 態度積極的老師
- 享受學習的學生
- 享受教學的老師
- 正面的上課氣氛

相較之下，我們在另外五分之一完全沒有笑聲傳出的教室中觀察到下列現象：

- 不快樂的學生
- 不快樂的老師
- 缺乏學習熱忱
- 學生整體行為欠佳
- 態度不積極的學生

- 態度不積極的老師
- 不喜歡學習的學生
- 不喜歡上課的老師
- 負面的上課氣氛

在認識了笑聲的妙用和「有笑聲 vs.無笑聲」的差異後，讓我們將同樣的概念運用到課堂上。

解決方案／課堂策略

歸納「有笑聲 vs.無笑聲」課堂中觀察到的各種現象。接下來進入你自己的教室，留意計算你和學生們發出笑聲和開心上課的頻率。這裡指的當然不是嘲笑學生，或者放任學生彼此嘻鬧——你懂我的意思。我們建議你開始讓教室裡存在多一點笑聲、多一點微笑，並和學生分享一些老笑話，讓你的教學更愉快而且有活力！這是改善學生行為最簡單有效的方法之一。

一位八十六歲的退休老師在課堂中度過四十五年美好的教師生涯，她說到對教育工作的看法：「我知道我在教書的這些年中犯了不少錯誤，但是我相信我做得最對的一件事，就是每天陪著學生一起歡笑。我把每次開始上課前的五分鐘定為笑話時間，和學生分享笑話。我明確規範哪些類型的笑話可以在課堂上說，哪些類型的笑話不適合帶進課堂，所以講笑話從來沒有為我帶來麻煩。回顧這些時光，我認為這是讓我倍感驕傲的一件事，因為我知道好好大笑一場是多麼重要。」

最重要的是……

愉悅的笑聲是成功課堂的重要條件。如果你能在課堂上建立起充滿笑聲、正面積極的氣氛，你至少已經解決掉一半的問題！如果你不信，那麼你可能需要服用一大劑笑聲來解毒了！

15 問題學生還是問題老師？

思考點

開始上課之前，「痛苦老師」和「開心老師」站在走廊上閒聊。「痛苦老師」抱怨她的三個學生：「小霸王比利」、「懶惰蟲賴利」和「火爆瑪麗」；同樣也教到這三名學生的「開心老師」保持沉默。要知道，她教到的可是「聰明比利」、「愛心賴利」和「有禮瑪麗」。她簡直無法置信，這三個她認為很棒的學生竟然會成為「痛苦老師」抱怨的對象。但是，如果她瞭解「痛苦老師」的課堂是怎麼一回事，或許她就會相信了。

為什麼同一批學生在某些老師眼中是守本分的好學生，在其他老師眼中卻不是？因為**同樣的學生在不同的課堂上會有不同的表現**。出現這種情況時，我們知道我們在處理的並不是所謂的「學生問題」。課堂裡常發生兩種問題：學生問題和教學問題。請注意，我們不是說老師有問題，因為我們相信大多數老師總是就其所知所學，盡心盡力地教導學生。然而，老師偶爾也會在某些情況下錯怪學生，癥結出在他們不知道可以運用一些簡單的教學策略，使學生表現出截然不同的良好行為。

除非你在課堂裡確認了以下幾點，否則不該假定某些問題是學生所造成的：

◆ 建立明確的程序
◆ 妥善規劃的課程
◆ 老師與學生能正向互動
◆ 學生在上課時間沒有無事可幹的空檔
◆ 確保每個學生的成就感
◆ 課程安排不脫離現實生活，與學生關係密切
◆ 每位學生都獲得尊重的對待
◆ 不讓學生測試老師的罩門

你應該仔細核對這份清單，確認在你的課堂裡每一項指標都達成了。即使只有一項不到位，那麼在判定你所遭遇的問題可能與學生有關之前，也應該多所考量。事實上你會發現，你的課堂裡的確少了上述一項或多項條件。

解決方案／課堂策略

請你參照上述清單，誠實檢視你的教學內容、言行舉止和上課實況。你的課堂裡是否少了某些要件？或許你成功建立一套程序、你很有組織、你通常保持正面積極的態度、你讓學生從上課忙到下課等。然而，無論多麼周全，你偶爾也會對學生的不良行為過度反應。這裡指的不是你處理了這個行為，而是說你對這個行為起了反應，或許你為此而嘆氣，或許你的脖子因此青筋暴露，明白這個意思吧？我們不是要指責任何人，因為幾乎所有的老師偶爾都會對學生的不當行為有所反應，問題在於這種反應的方式從來不曾奏效！

現在，在上述清單中找出你課堂裡缺少的條件，設法更正這項缺失。即使你發現了

三、四項缺失，也先挑選一項來改善即可，你可以用一整天的時間改善這個缺點。例如你的課程經常安排得過於鬆散，那麼在這一天，你能否比平常更妥善地規劃課程？是的，我們的目標不是幫助你變得完美，而是變得更好。在一項條件獲得改善之後，繼續著手改進清單上的其他項目，直到你確定所有的條件都已經達成，一次往前邁進一步就夠了。一旦你這麼做，應該會發現學生的行為有明顯的改善！

最重要的是……

在管理良好的課堂中，老師與學生會維持正向的關係。老師會努力確保學生積極參與學習和獲得成就感，學生的行為問題也會減至最低。當學生出現不良行為，請你務必先診斷出問題的成因，如果問題的起因與教學有關，那麼理應作出相應的調整，但如果問題確實出在學生身上，那麼就處置學生。**但是請記得，改變學生行為最有效的方法之一，是控制你自己的行為，避免因為心生挫折而作出不適當的反應**。

老師本身態度上的微妙轉變，能輕鬆解決大多數的學生行為問題。

如果她做得到，為什麼你不行？

「想都別想。」你說。
那我乾脆就不動腦了。
「要我跟你講幾次？」
「五十次」── 我的眼睛眨也不眨。
「少在那邊耍笨。」你說。
那我就不用再用功了。
當你說我沒有救，
我的忍耐到了極限。

所以，不管你說什麼或做什麼，
我都要作對 ── 我想要惹毛你。
在其他課堂上我並不會這樣做
── 你不想知道為什麼嗎？
那是因為，其他的老師
知道用什麼方法可以讓我聽話。

她用尊重的態度對待我，
她相信我可以做到，因此我也真的做到了。
我實在想不通，
如果她做得到這樣，為何你不能？

就算我犯了錯，
她也會想辦法，
讓我守規矩，幫我克服問題。
她有什麼秘訣嗎？只是耐心而已。請你注意！
你下次再戳我，我就會爆發，
我需要的只是你的信任。

If She Can Do It, Why Can't You?

"Don't even think about it," you said
And so I just stopped thinking
"How many times must I tell you?"
I answered "50!" —without blinking
"Don't get smart with me," you said
So my studying, I stopped
When you said there was no hope for me
My bubble of restraint you popped

So no matter what you say or do
I'll be on the attack—and I'll get you
I'm not like this in my other class
—Don't you wonder why?
The answer is that my other teacher
Knows how to make me comply

She treats me with respect, you see
She believes I can and so I do
And so it simply baffles me
That if she can do it, why can't you?

Even when I make mistakes
She's figured out just what it takes
To make me behave and help me succeed
Her secret? Patience. So please take heed!
If you attack me, my resentment will breed
Your belief in me is what I need.

16 選擇戰場

思考點

「選擇你的戰場！」這句話真是金玉良言，尤其是用在課堂上。有鑑於學生是孩童，而孩童似乎需要得到大量關注，因此老師必須決定要給予學生何種關注，以及何時給予關注。一旦學生知道他能獲得你的注意力——無論透過正面或負面手段——只要他想被你注意到，他會立即採取行動，並且持續用這種方式來操縱你！因此，**你**（而非學生）**必須掌控局面**。

為了掌控何時讓學生得到關注，以及給予他何種關注，你必須知道高效能老師的秘訣之一——知道哪些事情可以被忽略，或者至少應該假裝忽略！要知道，高效能老師有時甚至利用忽略的態度來處理問題。他們明白在**某些情況下**，處理問題最好的方式就是**不作反應！**

解決方案／課堂策略

為了處置某個學生，很多老師往往暫停正在進行的活動——這等於打斷了整堂課的進度。當然，有時這是適當的處置方式。例如，有個學生毆打另一名學生，這時立即停下你手上的事情處理這個情況，是適當而且必要的。然而，我們經常發現**老師為了處理學生行為而停止授課的情況中，有超過一半的問題如果予以忽略，反而可以讓事態好轉**。舉例來說，有一個學生用鉛筆敲打桌面，企圖引起你的注意，你通常可以忽略這種舉動。或者，你請全班同學拿出課本，這時有一個學生故意不將課本拿出來（同樣的，他也想引起你的注意），你或許可以選擇不予理會，看看他最後是否會拿出課本。但是如果你迫不及待作出反應，甚至因此被激怒，那麼他很有可能會反擊，往後更懂得利用不合作的方式來奪取你的注意。

再舉個例子，你正指派某項作業，有個學生兀自在桌上畫畫或塗鴉。有時處理這種情況最好的方法，就是用別的事來轉移他的注意力，而非針對他的不願參與作出反應。你可以這麼問他：「比利，在你完成作業後，願不願意幫我一個忙？」這個技巧的成效可能令你非常驚喜。乍看之下，你似乎忽視他沒有參與活動的事實，但實際上，你是用更有效的方法來解決問題。

以下是優秀老師會刻意忽略的一些事例：

- 學生為了引起老師注意而製造出來的聲響
- 學生表現出無精打采的樣子
- 學生上課發呆做白日夢
- 學生壓低聲音說話，故意要激怒老師
- 學生為某件事情發脾氣，將書本摔在課桌上
- 學生的臉色微恙
- 學生之間偶爾交換的竊竊私語
- 學生之間偶爾的笑聲

最重要的是……

如果你刻意要挑學生的毛病，你一定每次都能挑得到！而且如果只要學生一出現不合作的態度，你就停止授課，那麼你很可能永遠都無法順利上課！所以，你應該忽略可以被忽略的細節，專心著手必須馬上處理的事。「選擇你的戰場」這個技巧讓你免於陷入全面性戰爭，也能促進你所樂見的良好行為！

17

一發飆你就輸

思考點

孩童畢竟是孩童，不是成年人，所以他們常常令人氣惱，這並非新聞，不是嗎？我們在受聘成為老師時都知道這件事，但是我們往往忘記了我們的學生只是小孩子，因此會作出孩子氣的行為。隨著年齡增長，他們理應學會控制自己的行為和反應，成為一個成熟的人，但在漫長的成長道路上，他們需要可以學習的典範，好讓他們知道什麼叫「自我克制」。而我們是成年人，理應提供榜樣，而作為被學習的榜樣，我們必須控制自己在學童面前的行為和反應！

♥真心話大交換♥

別讓我們看出來

你生氣的時候，要小心，
要非常小心，
別讓你的怒氣跑出來。
因為你只要把氣發出來，我們就會看出來。
只要我們看出來，你就完蛋了。
到時你就落在我們手裡，而不是我們落在你手裡。
一旦你落在我們手裡，我們就占了上風。
我們不會乖乖聽你話，
只會一直戳你弄你，看你撐到什麼時候。
而且我們怎樣都不會停止。
所以，你生氣的時候，千萬別讓怒氣跑出來。
因為你只要把氣發出來，我們就會看出來。
一旦我們看出來，你就完蛋了。
到時你就落到我們手上，而不是我們落在你手裡。

Don't Let Us Know

When you get angry, and you will
Be careful and then more careful still
Please don't let your anger show
'Cause if you do, then we will know
And once we know, that's it, you're through
You belong to us, not us to you
And once you're ours, we're in control
We'll never do what we are told
We'll push your buttons, we'll test your will
We'll never ever get our fill
So when you get angry, don't let it show
'Cause if you do, then we will know
And once we know, that's it, you're through
You belong to us, not us to you!

解決方案／課堂策略

顯然，**老師在課堂上所犯的最大錯誤，就是讓學生知道「他被激怒了」**。換句話說，一旦老師的情緒爆發，就只會造成無法控制自己和學生的結果。

當學生認為他們逮到你的弱點時，你每次都必輸無疑。而且一旦他們開始踩你的地雷，就再也不會罷手。等一等，誰告訴他們你的「地雷」所在？就是你自己。是你先暴露出弱點，別人才會去戳試。所以，一旦學生知道我們有可以測試的罩門，問題就來了。好吧！那麼解決方法為何？就是根本別讓學生知道你有罩門！你必須讓學生以為你是沒有任何罩門的老師，一旦他們這麼認為，他們很快就會找上其他缺乏警覺性的老師，作為尋求刺激的目標。

所以當學生真的激怒你，搞得你幾乎抓狂，你該怎麼辦？這時你得努力保持冷靜，用理性克制的態度處理他的不當行為。優秀的老師總能夠表現出一切事物盡在掌控的樣子，因此很少遭遇管教問題。別誤會，優秀老師跟效能差的老師有著相同的人性弱點，只不過他們知道必須在學生面前隱藏住他們的罩門。這麼做容易嗎？不容易。有效嗎？

每次都奏效。

萬一學生冷不防問你一個很不恰當的問題，這個策略也同樣適用。發生這種情況時，提問的學生通常很清楚自己在做什麼，而且想辦法要讓你動怒。所以如果你遇到班上學生問了一個他根本不適合問，或者你不適合回答的問題，你該怎麼辦？我建議你用一個問題回答他：「你為什麼這麼問？」當你這麼做時，你沒有露出驚訝的表情，你似乎並不惱怒，也沒有發火。你只不過是用問題來回敬問題，這招每次都有效！

最重要的是……

學生一旦看見你發飆，遊戲就開始了！他們會用盡一切手段讓你更常動怒、更加失控。因此，不管有任何理由，你千萬不能讓學生知道他們已經冒犯你或惹惱你。你要他們為這些行為負起責任？是的，但是你必須用冷靜的方式來處理。你要成為沒有任何罩門的優秀老師，至少要讓學生這麼以為。如果你不想淪為在遊戲下被犧牲的老師，那麼絕不要讓學生看見你發飆！

記住，別洩露出你的怒氣，

因為你一旦洩露怒氣，他們就會瞧出來，

一旦他們瞧出來，你就完蛋了。

你會落在他們手裡，而不是他們落在你手裡。

18
霸凌

思考點

學生在學校最糟糕的經驗，莫過於遭受班上同學的霸凌，這種經驗可說是司空見慣，而且令人十分害怕。被霸凌的孩童會因為難堪而以為是自己活該遭受霸凌，或者因為擔心引來惡霸報復，往往選擇不張揚，默默地承受。因此，老師們必須保持警覺，留心教室和校園裡的霸凌行為。

孩童之所以會欺負其他同學，理由不勝枚舉。有時，恃強凌弱的孩子本身在家裡就遭到欺負，因此他的霸凌行為是有樣學樣。霸凌行為有時是一種求救訊號，有時是為了向他人展示力量，也或許是孩子想要取得在其他生活領域所缺乏的掌控感。當然，霸凌行為也可能牽涉到幫派活動。然而不管基於哪種理由，**霸凌都是一種侵犯他人的不當行為，不應該被容忍**。

老師如果敏於覺察，將能大大減少校園中的霸凌行為和霸凌行為所造成的影響。倘若老師不處理霸凌，惡霸有可能變成某些學生眼中的偶像，反而吸引來一票追隨者，那麼管教問題也會隨之而生。**老師必須時時保持警覺，介入處理惡霸與被霸凌者所面臨的問題，並且善用有助於消弭霸凌行為的技巧，設法在事情還沒發生的時候做好防範**。

解決方案／課堂策略

要防範霸凌問題，最簡單的方法之一，是讓全班學生一起討論霸凌的問題。進行這項討論的最佳時機是學年剛開始的時候，最好是在沒有任何霸凌行為發生之前。這麼一來，你讓學生對霸凌行為預先有所警覺，同時提供他們應付這個潛在問題的方法。你可以和學生討論校園惡霸的話題、遭受霸凌的感覺，以及他們何以認為某些人會成為被欺負的對象。過程中，你藉機說明一個重要的事實：霸凌行為的受害者不應感到自責。你得讓學生知道一些解除危機的方法，以避免陷入一觸即發的窘境。

舉例來說，有時最聰明的作法就是逕自走開，有時最好維持目光接觸，但務必保持冷靜。**當對方失控時，要克制住自己未必是件容易的事，不過火上加油永遠無助於解決問題**。一旦發生霸凌，受害者或目睹霸凌過程的任何人都應該向老師報告這件事（而且不該理解成這是告密行為）。得到消息的老師可以選擇如何處置，以及決定是否該讓輔導老師、行政人員或學生家長介入處理。

和學生們討論這項事實：如果不處理霸凌行為，情況往往會惡化，所以最好在霸凌問題一發生時就儘快設法解決。對於所有年齡層的學生來說，角色扮演活動會有助於學習如何應付校園惡霸，學校輔導老師可以參與問題的討論，以及協助角色扮演活動的進行。

你所做的事其實是將霸凌這個話題放到檯面上，公開表明這可能是個常見問題，並且幫助受欺凌的學生瞭解到：他們的感覺和經驗絕非他們所獨有。透過這種討論，學生會知道原來幾乎每個人都曾經遭受過霸凌。

然而，我們並不建議一有學生遭受霸凌，你就緊急召集全班學生來討論這件事，而是建議你先分別與加害者和受害者談談。當然，你要設法探究加害者作出這種行為背後的根本原因，然後幫助他認清自己的錯誤行為，教導他如何更正確地處理情緒問題。

此外，誠如前文所提，行政人員、家長或學校輔導老師有時也應介入協助，才能有效處理霸凌問題。另一方面，你還有受害者需要安撫，你應該個別而且私下地進行處理，一定要私下處理！

我們經常發現有太多老師等到霸凌問題已發生，甚至在情況愈演愈烈之後，才開始設法處理，結果總是事倍功半。其實，在霸凌問題尚未發生之前，花點時間預先防範是非常划算的。

最重要的是……

我們不敢宣稱處理霸凌問題有任何速成方法，不過老師可藉由以下作法來杜絕霸凌行為的發生：

◆ 在霸凌問題尚未發生前，先與學生們討論。

◆提供建議給可能遭受霸凌的學生。

◆留意已經顯露出攻擊傾向的行為，並且立即處理。

◆一旦發生霸凌行為，要跟加害者耐心詳談，設法探究背後的原因，協助他適當處理情緒問題。

◆如果情況允許，請學校輔導老師、行政人員、家長等介入處理。

◆分別處置加害者和受害者。

◆輔導受害者，讓他明白他沒有做錯任何事——因為受害者往往會感到自責。

◆讓所有學生明白：如果看見霸凌行為，應當立即通報老師。

◆時時提高警覺，保護受你照顧的孩童。

一旦惡霸學生無法再恃強凌弱，管教問題很快就會和緩下來！

19 私下練習

思考點

當學生在課堂上行為不當時，他通常期待你以特定方式作出回應。他很清楚他有一票觀眾（在場同學）正等著看好戲，而且他往往有一種表演的心態。如果你跟許多老師一樣，當著觀眾的面處置他，那麼他很少會願意收斂不當行為。事實上，公開處置通常只會使情況雪上加霜。但是**如果你以一對一的方式私下處理，即使是最頑劣的學生，也多半願意改善行為**。以下策略是我們用來打破學生（無論是任何年齡層）不當行為模式最喜歡用的招數之一。

解決方案／課堂策略

私下對學生說：「我注意到你忘了發言之前要先舉手的程序。你不必因為忘記事情而太苛責自己，我雖然是個大人，但也常常忘東忘西的。不過我知道經常在朋友面前忘事有多令人尷尬，所以我願意幫你的忙。你就不用謝我了，今天我把我的午休時間留給你，我們來練習一下這個程序，讓你學會好好掌握這件事，下次你就不會這麼健忘了。我很樂意幫你這個忙，咱們午休時間見。」基本上，你假裝以為這個學生只是忘了舉手，好意幫他練習。當然他不會再故意忽略這項程序！關鍵在於你不能露出一絲挖苦的表情，而且要告訴這個學生你願意撥出自己的時間來幫助他。看出來你做了什麼嗎？你不是在剝奪他的休息時間，而是把你自己的休息時間貢獻給他！

當這個學生在休息時間前來報到時，你可以這麼說：「謝謝你過來找我。這樣吧，現在假裝我們正在上課，而你有話想說。讓我看看你該怎麼做？」等學生慢慢舉起手時，你說：「很好！我可以給你十五分鐘的時間練習。你認為你需要更多練習嗎，或者你覺得你現在已經學會了？」學生總是會回答：「我學會了。」你接著說：「很好，那我們明天見囉。喔，如果你明天又忘記，那一定是我的錯，因為我沒有給你足夠的時間練習。如果你有需要，我甚至願意放學後留下來陪你練習。需要的時候告訴我一聲。」

請注意，這項技巧花不到一分鐘時間，所以好消息是你不會因此犧牲掉休息時間。如果你的學校沒有安排午休，你可以在下課時間、備課時間或午餐時間運用這項技巧。

當下次這個學生再回到你的課堂時，務必逮住他沒有隨意開口說話的時候，趁機誇獎他。但是如果同樣問題再度上演，你就安排另一次私下的練習時間。你幾乎可以運用這項技巧來處理任何一種不當行為。

最後要注意的是，老師們也許會問：「假如這個學生沒有在休息時間出現，那又該怎麼辦？」答案很簡單，直接去找他，然後對他說：「喔，你一定是忘記我們要做的練習，走吧。」當你這麼做時，臉上請帶著微笑。

最重要的是……

「私下練習」是一個效果神奇的簡單策略。如果有人告訴你私下和學生進行練習是白費力氣，那麼他顯然從來沒試過這個方法。熟能生巧，不是嗎？只要陪學生多多練習正確的程序，你會看見學生的行為和習慣都明顯改善了！

20 輕聲細語

思考點

想想這個事實：**我們越是大聲說話，別人越難聽得進去**。大嗓門給人的壓力似乎與大腦想聽從命令的意願相違背，這個現象在課堂上也差不多如此。我們經常發現在優秀老師的教室裡，老師的說話聲總是保持著令人感到舒適平靜的愉悅感。這是因為他們知道，如果他們溫柔地說話，別人似乎會覺得他們所說的話是重要的，因此容易聽得進去。反之，在效能不佳的老師教室裡，我們注意到他們說話的音量經常過於大聲，反而使學生左耳進右耳出，不把老師的話當一回事。溫柔的聲音往往傳達出關懷的心意，而過度的音量則傳達出惱怒和激動的情緒。

這並不表示我們永遠不需要大聲說話。如果你是從邊線外指揮調度球員的教練，你當然得拉大嗓門，好讓他們聽得見你的指令。如果你的孩子正衝向一輛疾駛的公車，無疑地，你必須盡力呼叫以示警告！但是在教室裡，老師以平靜而令人舒服的聲音授課、講道理時，最能發揮影響力。

想想以下場景：某個煩躁的學生衝著另一個同學發洩怒氣，衝突逐步升溫，這名學生的憤怒不斷累積。老師提高嗓門走了進來，大聲喝斥該名學生，要他住手並且冷靜下來。這位老師的舉動其實完全無助於結束紛爭，因為他自己一點都不冷靜，反而顯得火上加油，所以這麼做不可能會有效。冷靜專業的態度才是平息學生怒氣的唯一方法，學生越是大聲叫嚷，你的聲音越要溫柔平和，就這麼簡單！順道一提，這個方法用樣適用於成人之間的紛爭！火需要燃料才能燃燒，千萬別提油去救火！

解決方案／課堂策略

若想評估你在教室裡的授課音量是否合適，最好的方法是趁著上課時聆聽、留意自己的音量，必要時也可以請某個老師同事或學校行政人員在教室後面待上幾分鐘，幫你檢視上課的音量；甚至你還可以錄下上課過程，實際聽聽自己說話的聲音。重點在於找出一種平靜愉悅的聲音，而且音量剛好足以讓教室裡的每個人都聽得見，無論你站在哪個位置。

高效能老師還會做另一件事；他們說話時身體會微微前傾，用肢體語言傳達出話語的重要性；而且他們只是用平靜而溫柔的聲音來教學，私毫沒有減損熱忱的態度。

面對出言頂撞的學生時，高效能老師仍然能保持冷靜，以鎮定但嚴肅的口吻，平和地與這個學生對話，而不是大吼大叫。他們會告訴這個學生，他們要先給他幾分鐘時間冷靜一下，然後再和他談一談。

最重要的是……

溫柔的聲音能展現冷靜理性的風度，而這種風度特別具有影響力。**冷靜的環境有助於促進學生展現自制的行為**，所以當你說話時，請再溫柔一點！

21 小份量教學

思考點

在面對一項困難的任務時，如果我們一次能前進一小步，通常就能完成更多工作，最終達成目標。而從事任何工作，如果你只想著最終的目標，那麼很容易提不起勁，但是如果你每次只須完成一小部分，這件工作似乎就變得比較容易完成。

舉例來說，你要替朋友辦一場生日派對，一想到有諸多責任落在身上，你可能很快就因為龐大壓力而吃不消，一旦你有這種感覺，就很難做好任何事了。但如果情況是：你知道有整整一個月的時間可以籌辦派對，而且你每天都完成一小部分的規劃，那麼你會發現不但能順利完成任務，而且也會樂在其中，得到相當的成就感！

要如何拼完一塊五百片的拼圖？每次拼好一小片。如何讀完一本書？每次讀上一頁。如何吃完一個巨無霸香蕉聖代？每次品嚐美味的一小口！**你要如何讓學生有成就感？一次一小口，每次都教給他們可以吸收的份量**。

解決方案／課堂策略

比方說，你的學生在期末必須完成一個自我介紹的詳細計畫。這個報告得包含故事和照片之類的說明，並按照特定的格式編排。顯然這個計畫需要花費不少時間，於是你給他們一整個月的時間來進行作業。

A老師在週一早晨發給學生一大包資料。她告訴學生，他們這個月要進行一個「自我介紹」計畫，接著鉅細靡遺說明計畫細節。學生一開始聽得興味盎然，然而當她開始講解長達四頁的說明書，他們很快就失去興趣。有些學生面面相覷，彷彿在說：「什麼？我得做完這麼多東西？別開玩笑了！」直到她結束一長串的說明，他們全都陷入一片愁雲慘霧之中。就這樣，學生的胃口已經被搞壞，他們不喜歡這道菜，也不想吃！

順便一提，A老師甚至沒有給學生看看這個計畫完成後的實例！接下來她讓學生提問，結果全班很快就進入一段痛苦的時光，她明顯感到挫折，學生們也是。對學生來說，唯一的好消息是他們有一個月的時間來完成這項計畫。當然，許多學生會等到最後一個星期、甚至最後一天晚上，趕在計畫截止前才開始著手。學生的父母對此感到無奈，學生們覺得挫折，老師也會因為學生沒有如期完成計畫而惱怒，最後學生成績很難看，你知道接下來會發生什麼事。

B老師在週一早晨和學生打招呼，告訴他們：「當你們看到我們接下來要做的事情，你們一定會很興奮。」她找來以前教過的學生麥可示範，麥可手裡拿著一張五顏六色的漂亮海報，標題是「自我介紹」。麥可上台告訴B老師班上的學生，他要和大家分享去年在這個相同的課堂上完成的作品。他介紹了自己、家人和嗜好，甚至分享他到遊樂園度假的有趣故事。等他報告完畢，學生們熱烈鼓掌。

B老師成功引起學生的胃口！她分次讓幾個學生上前觀摩麥可的計畫，並趁機四處走動，在每位學生的桌上放一張約一頁篇幅的說明。最後一次鼓掌感謝麥可之後，B老師告訴學生，他們將在她的指導下從事這項計畫，一次完成一點點。結果是，沒有一個學生抱怨，事實上他們似乎相當興奮。他們現在「渴望」學習更多東西！她按進度持續指導學生製作報告，這道華麗的滿漢全席，她一次只「餵」他們一小口。

必須注意的是，整個過程中，你要留給學生選擇的餘地，因為並非所有的學生都是詩人，你不能指望每個學生都能寫首詩來談談生活經驗，寫詩只是計畫完成步驟的三種選項之一。所以，在計畫進行的每個步驟，老師都必須考慮到每個學生程度的差異，提供給他們選項（A老師的說明書中並沒有這些選項）。一個月之後，所有學生都順利完成計畫，而且得到及格的成績。有些學生還希望作品能獲選，就像麥可一樣，與明年的學弟妹班級分享他們的自我介紹計畫。

在後面的篇章，我們將談到某些任務對於某些學生來說，即使分割成很小的份量，都是難以完成的工作！

最重要的是……

小份量教學會讓學生更渴望學習。對於身體不那麼強健的人來說，跑完一個街區比跑完一哩路容易，然而如果他連一個街區的距離都嫌太遠，那麼他可能得從十碼的距離開始跑起。無論如何，只要他每次都可以跑完一小段路，持之以恆，最終就能跨越終點。縱使他不可能贏得冠軍獎盃，但至少能完成任務。這個道理對課堂上的學生來說也是相同的。

如同優秀的大廚會分次上菜，讓每道菜都顯得可口誘人，一道接著一道端出來。優秀的老師授課時也會掌控進度，就像每次餵給學生一小口好吃的點心，到頭來，他們總會迫不及待想吃得更飽足！

22 逮到你了！

思考點

在課堂上，我們所鼓勵和關注的東西往往會加倍滋長。事實上，優秀老師在課堂上寧願多給學生鼓勵，也絕少澆他們冷水。而最優秀的老師總是刻意「逮住」學生表現良好的時候，趁機誇獎他們，藉此讓不守規矩的學生也懂得收斂。他們知道什麼事情該略而不究，而什麼事情該加以關注。

我們對一位頂尖的優秀老師進行觀察，這位老師懂得特別去關注行為良好的學生。她說：「我總是把『逮到你了』的時機留給學生表現良好的時候。」——當時她正在說明取得學生注意力的程序。第一次嘗試時，有幾位學生沒有遵守這項程序，但是她並沒有指出這些學生的名字，她說：「哇！幾乎每個人都在第一次嘗試的時候就做對了。你們真棒！」接著她又試了一次，然後再次讚美遵守程序的學生。到了第三次練習時，只剩下一個學生沒有遵守程序。但是她假裝沒看見他，繼續演練這項程序——她選擇忽略那個學生是非常高明的策略。你知道，那個學生故意想踩老師的地雷，想讓老師注意到他沒有遵守程序。當然，她技高一籌，沒有讓他得逞！當然，上述情況不同於忽略一個毆打其他同學的學生，如果忽視同學間的暴力，那就太不明智了。

我們注意到在整堂課中，她刻意關注那些遵守程序、專心上課、認真參與活動的學生。再者，她所故意忽略的偏差行為都算不太嚴重的小問題。除了良好的行為，其他東西她全都看不見（至少學生是這麼以為的），因此她的課堂裡多半是守規矩的學生。

她告訴我們，她當然會處理學生的不當行為，只不過她會謹慎地選擇焦點。而且處置行為失當的學生時，她總是在私底下進行。

在多數案例中，我們會發現老師喜歡用「逮到你了」這個技巧和心態，來處置行為失當的學生。例如以下這些時刻：

◆ 全班進行朗讀時，老師故意點名某個不專心的學生，顯然這個學生不知道該從哪裡接下去唸。她諷刺地說：「喲，你怎麼會知道呢？你根本一直心不在焉！」

◆班上學生正在做習題，老師瞥見某學生正跟同學交頭接耳，她喝斥：「我說寫習題的時候可以講話嗎？」——她的音量大到足以讓全班學生都聽見。

◆收回家作業時，老師注意到只有一個學生沒有完成作業。她絲毫不在意那些按照要求乖乖寫完作業的學生，反而指名一個沒有寫作業的學生，當著全班面數落他。

◆全班一起唸誦黑板習題的答案時，老師指名一個答錯的學生問道：「先前我們在討論的時候，你神遊到哪裡去了？」

這位老師顯然不知道該將「逮到你了」的技巧，留給學生表現良好的時候。事實上，在我們的觀察過程中，這位老師從未注意到任何一位表現良好的學生，而始終對所有的失序狀態保持警戒。

解決方案／課堂策略

我們的策略很簡單：找一天**刻意將「逮到你了」技巧只用在表現良好的學生身上**。如果這一天恰好發生了不能坐視不理的不當行為，請你私下處理。重點是，這天你必須特別留心於表揚學生們的良好行為，鼓勵他們的善良舉動、讚美他們的勇敢行徑等……你做得越是起勁，越會發現這項策略真的很有效。我們希望這樣能說服你每天運用「逮到你了」的技巧！

如果你平常不曾特別注意或讚美學生的良好行為，那麼你應該盡量常常這麼做。**只要你的讚美真誠合宜，這招就永遠有效！**

最重要的是……

把「逮到你了」的時刻留給良好的行為，便能促進更多良好行為，因為**每個人都希**

望自己的良好表現被別人注意到！將斥責（如果有必要）留在私下進行，而且即使你必須處置不當行為，也不該用「逮到你了」的心態來看待。下一章，我們會進一步討論這個話題：發掘學生亮眼和可取的優點！

23 挖掘優點

思考點

一位演講者站在聽眾面前，他先給聽眾三十秒，請他們環顧四周，找尋藍色的物體。然後請他們閉上眼睛，盡可能回想印象中的白色物體。結果，多數聽眾都不記得曾看過任何白色物體。事實上，房間裡的**白色物體遠多於藍色物體**，但是多數人卻想不起來，甚至沒有發現隔壁聽眾身上就穿著白色衣服！原來，這群聽眾因為太過專注找尋藍色物體，以至於從未注意到有白色物體的存在！這個例子說明什麼？**我們關注的事物構成我們生活的全部！在課堂上也是如此**。如果老師關注課堂上所發生的好事——每間教室裡隨時都有許多好事正在發生——那麼學生也會起而效尤。

解決方案／課堂策略

選定一個班級，**用心觀察班上學生的行為，找出每位學生所具備某個亮眼或可取的特質**；把這個特質記錄下來。接下來，對這名學生說出他的優點並加以讚美。例如，你可以對某位學生說：「我注意到你臉上總是帶著微笑。當我心情不好時，你都讓我覺得很振奮。」或者，你可以對另一名學生說：「我發現不管數學題目再怎麼難，你都沒有放棄。知道嗎，遇到困難而堅持到底是偉人的特質！我相信你以後會幹出一番大事業。」甚至有時候，你只需簡單跟某個學生說：「謝謝你幫我頂住門，我快騰不出手來開門了！」重點是，你得開始「聚焦」於每位學生可取的優點！如果你負責好幾個班級，先從一個班級著手，把善意的鼓勵散播給全班同學！

在課堂上運用這項策略會產生什麼不好的影響？完全不會。但是只要你開始關注好事，就會見證更多好事的發生。

最重要的是……

身為老師，我們總是被訓練成去發現和解決問題，因此有時總看不見身旁正在發生的好事。我們太善於覺察學生的偏差行為，因此將太多注意力放在不好的事情上。我們很容易逮住學生不守規矩的時候，卻忘記逮住他們表現良好的時機。所以我們應該扭轉這個習性，關注學生做的好事——而非錯事。

各位老師，改變你的關注焦點吧！這麼做幾乎每次都會有神奇的效果，你會看見學生的行為變得越來越好！

24 說謝謝

思考點

讚美是我們所能給予和接受的珍貴禮物。最棒的是，每當我們讚美別人，至少會有兩個人開心——接受讚美的人和給予讚美的人！舉例來說，如果你有減重經驗，就會知道什麼樣的反應能激勵你繼續節食？是別人說：「你變好看了！」或是：「你也早該減肥了吧？」得到讚美，代表有人注意並肯定你的努力，這是你更樂意聽到的話語，也是激勵你繼續努力的動力。

高效能老師也會運用同樣手法，每天利用讚美來激勵學生，強化他們的良好行為。他們知道他們所關注和認可的行為終將成為常態，也知道哪些學生可以公開給予表揚，而哪些學生反而會覺得公開表揚讓他們難為情，所以必須使用匿名的表揚。例如，他們不會公然點名某個害羞的學生說：「謝謝你，強尼，你上課時好安靜。」而會採取別的說法，例如：「謝謝各位同學，你們上課時這麼安靜。」這麼一來，安靜上課的學生（包括強尼）都會覺得受到肯定，而其他呱噪的學生則會被提醒自己的行為不當，而覺得不好意思。

解決方案／課堂策略

以下建議幾個在課堂上說「謝謝」的方式：

- 謝謝大家在上課時保持安靜，我非常感激。
- 蘇珊，謝謝你記得完成回家作業，你很有責任感。
- 西蒙，我很高興你這次的筆記寫得好整齊。
- 艾迪，謝謝你已經會自動自發地寫習作。

◆ 謝謝你，琳達，你今天上課時有乖乖待在座位上喔，老師很高興！

◆ 雷蓓嘉，這是個很棒的故事，看得出來你花了很多心思和創意！

◆ 謝謝你幫忙隨手關門，艾瑞克。

◆ 謝謝各位同學，每個小組都表現得很好！

◆ 我先謝謝大家，在下課鈴響前請收拾好自己的座位環境。我總是跟校工說他們幾乎不用進來打掃教室，因為你們非常體貼，每天離開教室前都會自動清理乾淨。

◆ 麗莎，謝謝你幫忙麗茲解決那些問題。我知道她很感激你，不過我想讓你知道，我也很謝謝你。

請記得，千萬別用嘲諷的方式說「謝謝」。例如，雖然你嘴上說著「理查，謝謝你保持安靜。」但雙眼卻狠狠瞪著正喋喋不休的丹尼。因為**挖苦諷刺從來不會奏效！**

請從現在開始，留意你在課堂上說了多少次「謝謝」。即使你很常說這句話，但只要你是真心的，就永遠不嫌多。反之，如果你不常跟學生道謝，那麼就試著將這個詞彙融入和學生的日常對話中。練習說謝謝，直到變成一種習慣。

最重要的是……

為了學生的良好行為而表達出你的謝意，對於建立融洽的師生關係有莫大的助益，也能強化學生的良好行為。所以，**加入「說謝謝」的行列吧，學生一定會以課堂上的良好行為回報你**。

25 羞辱引來報復

思考點

回想你在當學生時，是否有被某個老師羞辱的經驗？不幸的是，多數人都不只一次有過這種經驗。請你回想當時的感覺，我猜即使到現在，那些不愉快的記憶仍然歷歷在目。那個曾羞辱你的老師會是你喜歡的老師之一嗎？當然不可能。事實上，**多數成年人都承認，即使事隔多年，他們仍然對曾羞辱過他們的老師心懷怨恨和厭惡**。這種屈辱的感覺多年來盤據心頭，彷彿事情昨天才發生，這正是羞辱何以具有如此強大破壞力的原因。不會有人說：「聽著，孩子們，當年『火爆老師』曾羞辱我，最後把我激勵成為一個優秀的學生。到了今天我回想起來還是非常感念她，她對我的羞辱是多麼善意的舉動啊！」

「火爆老師」可能會辯解，羞辱學生是她讓學生守規矩的手段之一。她說的或許沒錯，羞辱學生確實能讓學生當下立刻閉嘴，或者至少讓不當行為消失一段時間。但是「火爆老師」不明白的是，以**羞辱作為手段絕對是行不通的，因為這只會造成學生的怨恨和難堪，甚至往往會招來學生的報復**。通常被羞辱的學生會這麼想：「為了讓我閉嘴，你故意讓我在朋友面前出糗是吧？你給我等著瞧，我一定會報仇！」說到報復，學生的報復方式可謂千奇百怪，但沒有一種讓人吃得消。

一旦遭受羞辱的學生展開報復，老師通常會感到驚愕，心想：「他竟敢這麼做！」在此，我絕非要為任何人的報復行為開脫，我只問老師們一個簡單的問題：是誰造成這種局面？

解決方案／課堂策略

這招課堂管理法是請你留意自身的行為，並且問自己：你是否曾經故意讓學生在其

他人面前難堪。你是否會指名某個不專心的學生，好讓其他人都知道他上課時心不在焉？是否會在眾人面前公開某個學生考試的爛成績？是否會要求某個行為失當的學生在同學面前當眾道歉？我可以毫不費力地舉出一堆例子，不過相信你已經知道我的重點。如果你發覺你會使用任何一種形式的羞辱來處置學生，請你三思而後行。

羞辱別人完全沒有任何正當性。我們認為老師羞辱學生幾乎等同某種形式的**霸凌**。老師應當是學生仿效的對象，好的典範絕不會作出惡霸的行為。我們從沒見過真正優秀的老師會把羞辱學生當作行為管理的手段。

最重要的是……

當然，我們希望學生守規矩。在這本書中，我也分享了許多讓學生守規矩的方法，不過所有這些策略全都顧及維護學生的尊嚴和你的專業風範。**別允許自己用羞辱的言語來「霸凌」你的學生。你可以在不失專業風範，而且不讓學生難堪的情況下督促他們守規矩。**

♥真心話大交換♥

我下次會冒險嗎？

老師講了一些數學問題，
我假裝聽懂。
但是我知道，等到考試的時候，
這些題目我一定不會寫。
可是上次上課的時候我就決定了，
不要舉手發問。
因為開口說我聽不懂，那樣好丟臉，不值得！
昨天班上有同學
說他聽不懂老師的講解，
老師好生氣！
而且她根本沒有壓抑她的怒氣，
當場對那個同學發飆，
其他同學都大笑。
那你說，我下次會冒險嗎？
在這個班上，絕不！

Will I Ever Take a Risk Again?

My teacher explained some math to us
I pretended that I knew it
But I know that when I take the test
I won't know how to do it
With a spur of the moment decision
I didn't raise my hand
It wasn't worth the embarrassment to say
That I just didn't understand
‘Cause yesterday another kid
Admitted he didn't know it
My teacher was really angry
And she didn't try not to show it
And everyone else started laughing
When she put him on the spot
So will I ever take a risk again?
In this class, definitely not!

26

90／10法則

思考點

90／10法則是指：**百分之九十提交懲處的案例，是由百分之十的老師們所呈送**。沒錯，只有百分之十的老師會將百分之九十的學生送進了訓導處。如果你質疑這項數據，不妨請校長們預測，在下個學期，有哪些老師會送交最多的學生到學務處或相關的懲處單位？他們一定能預測得很精準——這證明了90／10法則確實存在。真正優秀的老師很少將學生送進學務處，而一旦他們不得不這麼做，學務主任也會特別認真看待這個問題。

當老師為了學生所犯下的輕微過失，例如沒交作業、上課發出怪聲、亂發脾氣……等可以在課堂裡（而非學務處）處理的問題將學生送交學務處，就等於向學生（及學務主任）招認，這個老師沒有能力處理這類常見又典型的課堂問題。因此，當行為失當的學生回到課堂後，他已經清楚知道老師無法處置他。於是，他掌控了局面，因為他知道如何讓老師（所謂的「大人」）失控。所以他的惡劣行徑會一再上演，甚至變本加厲。

有沒有辦法可以解決這個問題？有。讓我們來看看優秀老師都怎麼做。

解決方案／課堂策略

優秀老師會運用特別有效的技巧，盡可能避免將學生送交學務處。**他們會親自處理學生的所有不當行為，毋需尋求其他單位的協助**。他們能搞定這件事，是因為他們擁有妥善的課堂管理原則、給予每位學生尊重的對待、安排滿檔充實的活動，讓學生無暇他顧，以及靈活運用了本書所討論的課堂管理招數。高效能老師知道如何偵測潛在問題，並趁問題尚未惡化前加以杜絕，更明白是自己（而非學務人員）在掌控課堂秩序。因此他們不計任何代價，設法在能力範圍之內盡一切努力，也不希望將學生送交管訓。

難道優秀老師不會遇上必須將學生送交管訓的情況？的確會，但是這種情況極少發生——這就是90／10法則。此外，優秀老師有時會運用一種非常高明的策略，在「不得不然」的情況下，將學生移送管訓。這個策略是讓學生「把自己送進學務處」！我們來看看這要如何辦到。

開學的第一天，老師向學生介紹重要規定和程序。她說：「你們都知道，我不會因為任何人的不當行為而將他送交學務處。」想當然爾，學生聽到時無不歡呼雀躍。老師接著說：「但是你們可能會把自己送進學務處。」學生頓時從興高采烈轉為困惑不解。老師解釋：「學務處列了一些規矩，如果你違反這些規矩，你就會把自己送進學務處。例如有一條規定是：如果有學生涉入肢體衝突，他就必須把自己送進學務處。當然，我相信你們不必擔心這種事會發生在自己身上。不過『萬一』真的發生了，我會盡力幫忙，替你們填好那堆文件。」所以，一旦有學生毆打其他同學，這位老師只要說：「道格，我想你很清楚你正在把自己送進學務處，但是你何不先冷靜一下？我會替你填寫好文件。」

你看出這是怎麼回事嗎？這個學生必須為自己的行為負起責任。哇！除了替道格填寫繁瑣的表格外，這位老師與此事毫無關連。去問問曾經用上這招的老師，他們會告訴你這招真的十分管用！

最重要的是……

在優秀老師的課堂上有一個原則，那就是從開學第一天起，學生就被明確告知哪些行為會使他們被送交學務處。所以，當有學生被轉介管教，與老師對學生的憤怒或失望、挫折的態度無關，純粹是因為學生違反了規定。這麼一來，事情再明白不過：學生已經知道某些行為會帶來某些後果，所以如果他們被送交學務處，要負責任的是他們自己，而非他們的老師。

在優秀老師的班上，學生因行為偏差而被送學務處的次數有多少？少之又少！請你加入百分之九十的老師陣營，這是個很棒的俱樂部！努力成為這個俱樂部的會長吧！

27 讓學生相信

思考點

改善學生行為最有效的方法之一，就是說服學生相信你和他們是站在同一陣線，而且你真的關心他們。我們發現，**當學生相信老師關心他們，而並非刻意找他們碴時，行為多半會大幅改善**。相反的，如果學生認為老師根本不關心或不喜歡自己，他們就往往將老師視為「敵人」，甚至發動反擊以保護自己。我們也注意到，有太多老師實在不夠努力試著說服學生相信他們真的**喜歡**學生！

請你想想，有沒有某個真的很討厭你，但你卻非常喜歡他的人。沒有吧？因為要喜歡上一個你認為他並不喜歡你的人，幾乎是不可能的事。同樣的道理也適用在課堂上。

要讓學生相信你關心他，最佳時機是在他行為失當，或做了某件不恰當的事情之後。

然而，有太多老師白白地將這個機會變成負面經驗，卻期待產生正面效果。當學生產生行為偏差，而老師立即以負面態度回應時，不管運用哪種技巧，一定會產生負面效果。

舉例來說，一位學生不按順序發言，結果老師當著全班同學的面訓誡他，這種作法或許會讓這個學生安靜個幾分鐘，但通常不久後他就會故態復萌。公開斥責學生，或是讓他在同儕面前難堪，並不是表達關愛的方式。因此，即使學生行為不當，如果他認定老師根本不關心他，那麼他不會因此感到懊悔，也不會認為有必要改變。以下示範表達關愛的技巧，能神奇又有效地處理學生的不當行為。

解決方案／課堂策略

前文中我們分享了「你還好嗎？」的招數，這個技巧適切表達出關愛，而非憤怒或諷刺。現在我們將這個技巧加以延伸運用。

某個學生在你的課堂上作出不當行為，你將他帶離教室，如同前文所建議的問他

「你還好嗎？」之後，你得讓這個學生知道你很關心他。你可以指出他的某些良好特質，讓他知道你對他的關注與欣賞。例如，問候學生之後，你可以接著說：「你知道的，馬林，我真的很關心你。你是個天生的領導者。我注意到別人聽你說話的樣子，我也注意到你從不占人便宜。因為你剛才在課堂上的舉動非常不恰當——尤其是對像你這樣的人來說——所以我知道你一定有什麼事不對勁。我不喜歡你剛才做的事，但是我喜歡「你」這個人。所以如果你需要有人聽你說說話，隨時來找我。之前的事情就一筆勾銷，好嗎？我們回到教室，重新來過。」

這項技巧只需花費三十秒，就能產生驚人的成效。這位學生離開時會覺得你在乎他，關心他是否快樂——這不正是我們希望學生相信的事？

最重要的是……

事實上，這些對學生表現出關愛態度的老師，他們遭遇到的學生行為問題遠遠少於其他老師。因此，**只要讓學生相信你在乎他們，學生的行為問題就會大幅減少！**

28

像「你」一樣

如果學生能像我們一樣態度和善、有禮而且積極，生活就太美妙了！你的學生是這樣嗎？學生在課堂上的態度和行為，往往反映出老師的態度和行為。因此，或許我們該仔細地檢視，看看我們自己是否足夠和善、禮貌周到或積極樂觀。

解決方案／課堂策略

本章提供的策略是請你自我評估：你是否和善、有禮貌而且積極樂觀？這可以作為一個改進和成長的參考基準。以下問題請你誠實回答：

- 在學生面前，我總是面露微笑嗎？
- 我每天都有意識地善待每一個學生嗎？
- 各種情況下，我都會特別留意自身行為，隨時當個禮貌周到的典範？
- 授課時我是否表現出熱忱和積極的態度？
- 即使不得已必須訓誡學生，我是否能保持冷靜，並給予他尊重的對待？
- 我是否始終表現出對每個人的尊重？
- 我的學生是否認為我是個快樂的人？
- 是否每個學生都知道我喜歡他／她？

上述問題中，你有沒有發現或許有一兩項仍然做得不夠？即使你已經自認做到每一項，我們還是請你努力變得更和善、更有禮而且更積極。

請別擔心如果你太過和善，容易淪為被學生吃定的好好老師，或是學生會因此不守規矩。因為只要學生明白你對他們的期許，而且你也能貫徹實踐管教原則，你就能在保持心態的同時，也鼓勵了學生的良好行為。**最優秀的老師通常是你所見過最和善的人！**

最重要的是……

被認為是和善、有禮而且積極樂觀的老師，最能得到學生在態度和學習面的良好回饋。附帶的好處是，他們很快就會開始反映出相同的行為。反過來說，在不夠和善、有禮和積極的老師課堂上，學生也會反應出相同的負面特質。所以，如果你希望學生也能成為你這樣的人，努力當個好榜樣吧！

29 卸下面具

思考點

　　每個學生背後都有故事。雖然我們設法理解他們的行為，但通常不會知道他們的真實故事。不論是**好的行為或壞的行為，背後都有原因，而這個原因也多半與每個學生的故事直接相關**。某些學生的故事中包含太多悲劇成分，而某些學生的生活和經歷則根本不是一個孩子（甚至是成年人）應該體驗的！

　　有時老師們會忘記：**學生會表現出某種行為，一定是有原因的**。當然，也許這個原因與課堂上發生的某件事有關，但很多時候並不相干。學生偶爾會戴上面具來隱藏自己的真實面目，藏在面具底下的也許是單純害羞、也許是恐懼，也許是深刻的痛苦，而恐怕更多時候是被壓抑的憤怒。對學生來說，要他們全心相信大人往往是困難的，因此他們戴上面具保護自己。然而，在優秀老師的面前，這種面具是戴不了多久的。

解決方案／課堂策略

要卸下學生的面具，老師必須採取三個步驟。首先，**老師必須明白學生戴上了面具！**再者，**老師必須設法看出隱藏在面具背後的故事**。最後也是最重要的，**老師**絕對不**可以認為學生的行為是針對自己**。如同前文所提，我們堅信如果老師知道學生行為背後的故事，十之八九不會生氣，反而會感到心痛。優秀老師會採取上述作法，而且會透過日常言行來證明他們是值得信賴、有愛心的「大人」，絕不會傷害或看不起小孩，或使他們難堪。因此，這些老師能贏得學生的信任——即便是最難敞開心房的學生。

♥真心話大交換♥

在面具後面

如果你能看見我的內心，那麼你一定會知道，
在我的壞行為之下，藏了一個孩子，他非常需要你。
我需要感受到你疼愛我——我需要你露出關心的微笑。
我需要每天都被你重視，就算只是一下下也好。
我需要你把你全部的智慧都教我。
或許我沒辦法馬上全部吸收——但將來一定可以。
我需要大量的耐心——我需要聽到一個可以讓人平靜下來的聲音。
我需要有人教導我作出明智的選擇。
我知道這很不容易——我常常會把你逼到極限！
但是，我的老師，你一定要明白：鐵石心腸也有軟化的一天。
所以，請你把我當作是你的挑戰、天職和任務。
繼續努力，直到你發現了面具底下藏著的美好。

Behind the Mask

If you could see inside of me, then surely you would know
That beneath my bad behavior is a kid who needs you so
I need to feel your love for me—I need your caring smile
I need to be important each day, if only for a while
I need for all your wisdom to pour out onto me
It might not sink in right away—but one day it will, you'll see
I need a lot of patience—I need a calming voice
I need someone to show me how to make a better choice
I know it won't be easy—I'll push and test you often
But surely, teacher, you must know that hard hearts can be softened
So see me as your challenge, your calling and your task
And search until you've found the good that's hidden behind the mask.

30 別讓情緒醞釀

思考點

保羅走進教室，他顯然心情惡劣。「我不管老師」發現他心情不好卻不予理會。「他總是心情不好。」她這麼想，「他只是想引起我的注意，我才不管他！」保羅垂頭喪氣，上課時沒有寫習作，而且心情更糟了。「我不管老師」生氣了，衝突一觸即發。

保羅走進教室，他顯然心情惡劣。「你竟敢老師」見他心情不好，脫口道：「喂，小朋友，你竟敢帶著這種態度走進我的教室，把你的怒氣留在門外！」保羅心想：「你根本不知道我發生了什麼事，還在我心情壞透了的時候對我這麼兇！」保羅將課本砰地一聲甩在課桌，「你竟敢老師」開始數落他，保羅不逞多讓地回嘴，情況越演越烈。

保羅走進教室，他顯然心情惡劣。「我在乎老師」——當然了——正站在門口迎接學生，她立即看出保羅心情不好。她用關心的神情看著他，並問道：「你還好嗎？」保羅回答「不好」，於是她說：「你看來很苦惱，我很不忍心看到你這樣。如果你需要找人談談，隨時可以找我。如果你覺得煩躁，不想寫習作，也告訴我一聲，我們到教室外談談。」保羅謝謝她，走進教室後安靜地坐下來，開始動手寫習作。「我在乎老師」走到他身旁輕聲說：「保羅，我真以你為榮。即使心情這麼煩躁，你還是進教室寫習作，表現得很成熟喔。」保羅謝謝他，然後繼續完成習作。

解決方案／課堂策略

「我不管老師」處理問題的方式只會讓事態惡化。有時候學生的某些行為可以被忽略，但不是這種時機，因為此時保羅需要有人注意到他的惡劣情緒。

「你竟敢老師」的態度雖然不同於「我不管老師」，但他的處理方式同樣讓事態更嚴重。保羅已經陷入煩躁的心情，再對他發脾氣，只會讓情況火上加油、不可收拾。

「我在乎老師」知道，**讓保羅的惡劣情緒繼續醞釀下去只會引發麻煩**。此外，她真心關心保羅，一如她真心在乎每個學生，因此她發現了這個問題，並且立即加以處理，表現出她對學生的關愛。「我在乎老師」讓保羅知道，她注意到他心情不好，使得保羅的情緒因此平復下來。她在乎他煩躁的心情，因此願意陪他談談煩惱；並在接下來讚許他的成熟表現。

最重要的是……

如果看見學生心煩氣躁走進你的課堂，千萬別讓那種情緒繼續醞釀，否則事態只會越來越嚴重。學生需要知道老師是關心他們的，當個「我在乎老師」吧，讓學生的行為問題迅速減少！

31 誰是最正面的人？

思考點

在每一所學校裡，大家都知道哪些人是正面積極的人。學生知道、教職員知道，行政單位知道，家長們也知道。那麼你知道嗎？誰是你的學校最正面的人？請你花幾秒鐘找出答案，在心目中想像一下這個人，然後問自己為什麼會選中他。這個人如何對待你？如何對待學生？在他／她臉上，你看到什麼表情？

現在請你說出那個人的名字。我們希望你點名你自己。那個人是你嗎？如果不是，為什麼不是？如果你無法點名你自己，那麼你離優秀老師還有一大段距離，還稱不上是受學生愛戴歡迎的優秀老師。當然，如果你確實點名自己，那麼恭禧你，請你繼續當個學校裡最正面的人。

解決方案／課堂策略

我們知道，學生對於正面典範有良好的回應。身為老師，我們可能是他們除了父母之外最重要的典範，因此我們對學生有責任。我們有責任盡力表現出最好的一面、當個最佳模範，並且發揮好的影響力。這個任務十分艱鉅，然而這是任何人、任何職業所能背負最值得驕傲的責任之一——影響年輕生命的未來。

所以，請認真看待你的任務，成為學校裡**最正面的人！**請你時常微笑，對每個人說好話，並且懷抱熱忱來教書。忍住想發牢騷的衝動，絕不將學生的行為當成是針對自己——當一個讓學生需要的老師。

♥真心話大交換♥

最快樂的老師

誰是最快樂的老師
學校裡最專業的老師？
如果我無法誠實回答「就是我」
那麼我真是個笨蛋
因為任何一位好老師
都非常清楚一件事：
學生最想要得到的就是快樂的老師
所以從今天開始我要變快樂
讓我的學生們長大以後回顧，他們會說：
在我所有的老師裡面，
最快樂的那一位就是你！

The Happiest Teacher

Who is the happiest teacher
The most professional in my school
If I can't honestly say it's me
Then surely I'm a fool
For any effective teacher
Knows, for sure, one thing
Students want happy teachers
More than anything
So I'm starting to be happy toady
And when looking back, my students will say
Of all the teachers I ever knew
The happiest one of all was you!

最重要的是……

你的**學生需要認為你是他們所認識的人當中最正面的人**。他們是否這麼認為？

32 愛屋及烏

思考點

比起認為老師對他們不感興趣的學生，覺得老師對他們感興趣的學生更容易守規矩。如果你能讓一個孩子相信你關心他、看重他、對他感興趣，那麼他更可能認為上你的課是有趣的，也比較不會產生偏差行為。

說服學生相信你關心他的方法之一，是實際去瞭解他的喜好。他喜歡做些什麼？對什麼東西著迷？放學後從事哪些活動？有些學生的興趣和運動有關，有些學生則有別的嗜好。許多學生有機會參與課外活動，但不是每個學生都這麼幸運。無論如何，所有的學生都有自己的興趣。是的，**所有的**學生都對**某類事物**感興趣。你的任務就是找出他們感興趣的東西是什麼。

解決方案／課堂策略

想知道學生會對什麼感興趣，最簡單的一招是直接詢問他們。你可以安排一些對話的機會，讓他們主動分享各自的喜好。另一個辦法是請他們列一張興趣清單，這麼一來，你就有機會好好研究一下，將這些資訊妥善融入教學或與學生的討論中。

其實如果你常觀察學生，就會發現他們的行為會透露出許多關於個人興趣的端倪。例如瑪麗在休息時間總是捧著書，你可以據此推測兩件事：瑪麗對社交活動可能有些不自在；另外，她喜愛閱讀。利用這些訊息，你可以幫助瑪麗輕鬆融入某些活動，讓她在社交場合感覺更自在，也可以表現出對她喜歡的閱讀類型興致盎然，甚至推薦有趣的書給她。

又例如，你看見丹尼經常對別人頤指氣使，也許你會發現他其實很想當個領導者，只不過沒有被適當地引導。現在，你可以幫助他戒除專橫的行為，趁機開導他學習如何當個領導者。如果湯姆喜歡溜滑板，你可以引導他進入滑板運動的專業世界，甚至將這個嗜好融入寫作、物理知識或其他科目。要讓學生知道你對他們感興趣，你還可以參與他們放學後的活動，偶爾出席他們的運動比賽、舞蹈表演或者樂團演唱之類的活動。

以下分享一位優秀老師提供的故事：

瑪洛是個在社交上相當孤僻的學生，她的老師想盡辦法想知道瑪洛對什麼東西感興趣。瑪洛交來的興趣清單基本上是空白的，在被問到她喜歡做什麼時，她的回答通常是「沒有」。她甚至無法和同學們正眼對視，在學校的功課也不盡理想。瑪洛的老師明白她必須突破這種狀況，因此她開始仔細觀察、找尋線索，設法弄清楚瑪洛對什麼感興趣。很快地，老師發現瑪洛很愛乾淨，她把文具用品收拾得非常整潔，也時常清理課桌內外的物品。交來的作業上，她的筆跡總是十分端正，而且在擦拭黑板時會小心確認沒有留下擦拭的痕跡。就是這個！

老師有一天對瑪洛說：「瑪洛，你是我見過做事最有條理的學生！你打理自己和收拾身邊的物品，讓一切整齊清潔、有條不紊的能力令我十分驚訝。我想知道你是怎麼辦到的，我需要你的幫忙。」因此，瑪洛開始替老師布置教室、美化環境、整理課桌裡裡外外，並提出許多有用的建議。神奇的是，不久她開始和老師討論起電視裡的裝潢達人秀，節目中的專家到觀眾家裡做的事，正是瑪洛在教室裡做的事。這表示，當瑪洛發現老師認為她是有趣和有用的人，便開始重拾自信，不再自我封閉。

最重要的是……

請記得，學生喜歡、而且需要覺得老師認為他們是**有趣的**。如果能說服學生相信這點，你就能贏得他的心。**如果學生覺得老師和他們夠「麻吉」，他們會有更好的學習成就和行為表現**。這件事本身就**非常有趣！**

33 小差事幫大忙

思考點

事實是：**幾乎每個學生都喜歡幫老師的忙或者替老師跑腿**。難道這只是因為他們可以藉機離開教室？並非如此。當老師要求學生跑個腿或完成某項任務時，會讓學生感覺自己是個重要的人。**每一個學生（以及每個人）都喜歡感覺自己是重要的**。的確，能暫時離開教室或許像撿到一個天上掉下來的迷你假期，何況不是每個學生都可以被信任能「自由的出入教室」，不過每個學生都應該得到這樣的機會，不時替老師辦點小差事。事實上，幫老師的忙不見得總得離開教室，課堂上的差事還包括讓學生幫忙搬椅子、進行資料分類、削鉛筆或擦黑板等。

有時候，學生因為某些狀況而焦慮不安、上課時心神不寧、蠢蠢欲動，你也可以利用交代他們辦事的機會，給他們一些喘息空間來平復情緒。其實，讓他們學著負責任或感覺到自己受重視，都能化解焦慮的情緒。

解決方案／課堂策略

有個簡單的辦法可以「創造恩惠」，讓學生有機會幫你的忙：你可以跟對面教室的老師商量好，告訴那位老師，你可能不時會需要某位學生離開教室一會兒，那時你會讓學生將一個封好的空信封送到他的教室。當然，學生永遠不會知道這個信封是空的，因為它是密封的，因此你得在抽屜裡準備一些封好的空信封，以便隨時派上用場。對面教室的老師會向前來送信的學生道謝，並看著這個學生走回你的教室。就是這樣！這個方法保證有效。以下說明如何運用這項策略。

心浮氣躁的馬可低聲喃喃自語，他不肯做功課，而且看起來好像在跟自己發脾氣，即將要發作。你必須讓他走出教室才能和他談一談。然而，如果你要求他跟你一起走出教室，以他現在的心情很可能會拒絕。所以，這時請你拿出一個信封，對他說：「馬可，可不可以幫我一個忙，將這封信交給對面教室的巴克老師？非常謝謝你。」等他走出教室後，你就站在教室外等他回來，然後對他說：「謝謝你幫我傳遞這個重要訊息。在我們回去上課之前……」這時你藉機以平和、溫暖的態度展現關懷，和他談談他的問題。

再舉一個例子：雷蓓嘉做事老是慢半拍，你想改正她這個習慣卻苦無機會。這時小差事就有大用途了！你先派作業給雷蓓嘉，然後告訴她：「雷蓓嘉，等你寫完作業後告訴我一聲，我想請你幫我送個信。」毫無例外，為了替老師跑腿，雷蓓嘉會馬上動手寫作業。當她完成作業，你隨即請她去送信封。等她回來時，你可以對她說：「非常感謝你替我送這封重要的信。啊對了，我發現你寫作業的速度變快了？你有沒有注意到？你介不介意我寫張便條告訴你的父母，老師覺得好欣慰？」

我們確信，一旦你嘗試過這個方法，你就能創造更多**讓學生幫忙的機會**，以滿足你們雙方的需求。

最重要的是……

- 學生喜歡覺得自己很重要。
- 幾乎每個學生都喜歡替老師跑腿或幫老師的忙。
- 老師可以利用分派任務的機會幫助學生讓情緒冷靜下來，或讓他感覺受到重視，並得到被讚美的機會。
- 不時讓學生幫點小忙，對學生和老師都大有助益。

34

認錯

思考點

身為老師，我們全都為自己設下了某些目標，也努力想成為自己心目中理想的典範。如果你的目標之一是渴望成為**完美的老師**，那麼我建議你最好趁早轉行，千萬**不要回頭！**因為你知道嗎，並沒有所謂「完美的老師」，即使是最優秀的老師，也免不了犯錯。只不過，優秀老師與一般老師的區別在於，他們不害怕承認錯誤，就算是在（而且特別是在）學生面前。怎麼說？因為他們明白**老師作為良好行為的典範，也應該利用實際的身教來教導學生如何承認錯誤，並善用已經犯下的過失或錯誤，作為下次進步的踏腳石。**

想像以下的情境：「我永遠是對的老師」正在黑板上寫句子，她誤將 *their* 寫成 *there*。聰明的學生尼克當場指出錯誤。因為「我永遠是對的老師」從來不承認犯錯，於是她回答：「很好！尼克，我很高興你看出這個錯誤。我是故意寫錯的，想看看你們是不是有專心上課。」

再想像以下情境：「人都會犯錯老師」正在黑板上寫句子，她誤將 *their* 寫成 *there*。聰明的學生路克當場指出錯誤。「人都會犯錯老師」回答：「啊，你說得對，路克，是我弄錯了。謝謝你指出這個錯誤。」她修正了錯誤，然後利用這個**機會教育**，順便討論了這兩個英文單字的合適用法。

現在我們來分析這兩個情境。「我永遠是對的老師」選擇對學生隱瞞錯誤，誘導他們相信她是「故意」犯錯，她不願在學生面前認錯，也失去了教育的機會。確實有些老師會故意犯錯，想看學生是否能發現錯誤，然而其間的差別在於，這些老師通常會事先宣布：「我會在黑板上的句子裡藏著幾個錯誤，我來看看你們能不能找出這些錯誤。」

「我永遠是對的老師」習慣絕不在學生面前承認錯誤。事實上，如果學生問了一個她不知道答案的問題，她總是回答：「嗯，我當然知道答案，但是我希望你下點功夫去研究，靠自己找答案。直接把答案告訴你，就好像拿著湯匙餵你吃東西。」沒有學生看過「我永遠是對的老師」認錯，因此在這位老師的課堂上，學生不認為犯錯是難免的。

反觀「人都會犯錯老師」則採取截然不同的作法，她選擇當一個正面的典範，願意在學生面前承認錯誤。而且她不只認錯，還利用這個錯誤進行機會教育，加強說明 *their* 和 *there* 的用法。在「人都會犯錯老師」的課堂上，學生知道每個人都難免犯錯，而犯錯之後勇於承認，才是成熟的表現。因此，這位老師班上的學生能舒服自在的學習，甚至敢主動舉手回答問題，不必擔心犯錯會令人難堪！

最重要的是……

我們都是凡人——而**我們的學生也都需要從克服凡人的弱點中求進步**。有時老師犯了錯，並勇於向學生承認錯誤是一件好事，因為這樣你的學生也會知道，犯了錯，只要能坦承錯誤，就能幫助自我學習和成長！

35 眼神接觸

思考點

一位講者站在一群老師面前發表演說，過程中，他刻意望向聽眾的頭頂上方，不與聽眾們有任何眼神接觸。之後，他又望向下方和兩側，目光掃遍整個房間，仍舊沒有看這群聽眾一眼。聽講的老師們跟著東張西望，不曉得他到底在看些什麼，只知道講者對他們**不感興趣**。不久，老師們原先的些微不解演變成強烈的困惑，接著注意力開始渙散。在老師們變得不專心之後，這位講者開始積極與那些失去注意力的老師建立眼神接觸，這個舉動當然讓老師們覺得非常不舒服。最後，講者跟老師們坦承玩了一個把戲，讓他們體會在缺乏與老師正面眼神接觸的課堂上，學生們會有什麼感受。他證明了眼神接觸的重要性。「你們都知道，」他說，「教書是一種人際互動的職業，建立在人與人之間的關係和對彼此的觀感上。**如果你的學生認為你不在乎他們，他們不會對你教授的東西產生興趣。**」

為了順利教育學生，我們必須和他們「搏感情」，讓他們知道我們在乎。而讓學生知道你在乎的最好方法，就是和他建立正面的眼神接觸。再者，這個和學生說話或聽他說話時專注看著他的動作，也能以身作則反過來幫助學生培養這項專注技巧。

有時候，老師會不經意地對著教室裡某個區塊的學生上課。他們的目光似乎固定在前排或中央部位的學生，讓落在視線外的學生無法獲得適當的關注——除非他們犯了錯，才會迎來老師的可怕眼神。這種情況下，這些學生會認為眼神接觸是令人害怕的，因此變得不敢正眼看老師。這時，我們往往聽見這類不耐的訓斥：「當我在跟你說話時，你要看著我！」要建立目光接觸的習慣，這當然不是個恰當的方式。

另一個常見錯誤是老師總像個大忙人，忙著處理各種事務——例如改作業或看報告。老師專心批改作業，而某個學生靠近想問問題，結果老師在回答學生問題時，頭也不抬地繼續盯著手上的報告看。這麼做真是大錯特錯！即使你很忙，也不至於忙到沒有空停下來與每個需要你的學生眼神接觸。在課堂上也請你留意這件事。

解決方案／課堂策略

先來評估你的眼神接觸技巧。找一天與每個學生進行正面的眼神接觸。迎接學生進教室或上課時刻意看著每個學生、每個提問或分享訊息的學生。如果做這件事讓你覺得有**些微的異樣感**，那麼你就需要多練習這項技巧。另外，當你生氣或沮喪時，切記不要睜大眼**瞪著學生**。你可以嚴肅地望著他，表達你的失望和關切，但不必顯露出生氣或失控的態度。**嚴肅**的目光接觸不同於**負面**的目光接觸。

即使你相當擅長與學生建立正面的眼神接觸，在課堂上常常展現這類技巧也永遠不嫌多。事實上，正面的眼神接觸是一種很棒的管教技巧，多數學生只有在老師**不**看他們時才會搗亂作怪。所以你得經常看著學生，並且專心聽他們說話！

最重要的是……

最重要的是，正面的眼神接觸對於和學生建立良好的互動大有幫助。而負面的責難目光則很容易破壞你和學生之間的關係——嚴肅的眼神不應與負面的眼神混為一談。所以多給學生正面鼓勵的眼神，你就不需使出負面威脅的眼神，而嚴肅的眼神也絕少會派上用場。

真心話大交換

看著我，讓我知道，
你認真在聽，而且你真的關心我！
當我知道你是真心的，那麼我也會
開始注視你！

Look at me and let me see
That you're listening and you care about me!
When I learn that you're genuine, then I, too,
Will begin to look right back at you!

36 沒空搗蛋

思考點

一位老師分享了這個經驗：「這彷彿是昨天發生的事。那是我第一年教書，我對學生們說：『現在距離下課鈴響只剩一分半鐘，如果你們保持安靜，我就不再規定其他的功課。』」當然，隨之而來的是一片混亂。於是老師心想：「看見了吧？你就是不能給學生一點特權！」不過，其實這位老師不明白這種混亂的情況其實是可以避免的，只要她能認清這個事實：即使你讓學生只有十秒鐘無事可做，不管他們處在什麼年紀，他們一定會試圖找些事來做！而且幾乎毫無例外，他們會淨幹些沒有建設性的事。當天這位老師學到了寶貴的教訓——**從上課鈴聲到下課鈴響，千萬別讓學生有無事可忙的空檔！**

解決方案／課堂策略

如何讓學生從上課鐘聲忙到下課鈴響？最簡單的辦法是規劃一些不花太多時間的活動。如果你規劃了一個三十分鐘的活動，某些學生可以在十五分鐘內就完成，而某些學生則需要三十分鐘或更多時間，這表示十五分鐘之後，會有許多學生無事可做。通常老師們只好說：「把握時間，讀一讀你們在圖書館借的書。」等諸如此類的搪塞話語。但是，優秀老師會規劃出可以在短時間內迅速承接的活動，讓所有的學生都有事可做，因為他們知道當學生忙得不亦樂乎，就比較不會出現不當行為，甚至沒有時間萌生搗亂的念頭。他們的授課步調緊湊，活動一個接一個進行，學生永遠忙於討論、解答、做功課……片刻不得閒。

以下是規劃活動的小秘訣，可以讓學生忙碌地投入其中，再也無暇想到別的事：

- 規劃以學生為導向的活動，讓學生能積極投入並參與
- 規劃時間短暫並能迅速銜接的活動

- 規劃可以讓所有學生自在參與的討論活動，靈活引導話題，維持活動的趣味感和對學生的吸引力
- 規劃讓每位學生都能發揮特定功能的分組活動
- 隨時準備一兩個額外的課間活動，作為萬一課程提早結束的接檔
- 永遠為較早完成功課的學生安排一些有意義的活動

一位老師和我們分享了讓學生積極參與課堂活動的簡單方法。他說：「我的教學計畫每個句子開頭都寫著『學生們將會……』」哇！多棒的概念！在編寫教學計畫時，你只要每個句子都以「學生們將會……」作為開頭，就能確保每個學生都能積極參與活動、獲得成就！

最重要的是……

讓學生積極忙碌地參與課堂活動，能有效防止學生利用課堂餘裕衍生不當的行為。

♥真心話大交換♥

讓我做事讓我忙

好忙呀好忙，你讓我停不下來。
事情這麼多，多到我頭昏腦脹。
做完一個，再做下一個，
除了正在忙的事，我沒時間想別的，
也沒有心思搞怪。
整天做，做，做，
讓我沒時間犯錯！
提出問題，找答案，發現新東西，努力學習。
我的成績愈來愈好，
你讓我這麼忙碌、這麼投入，
我根本沒時間搗蛋。
等我想到這些，一天已經過完。
上你的課真是好玩！

Keep Me Busy

Busy, busy, you keep me busy
So much so, it makes me dizzy
Moving from one thing right to another
No time to think of anything other
than the work I'm busy doing
Misbehavior has no time for brewing
Working, working all day long
Not time for doing anything wrong
Questioning, answering, discovering, learning
There's an upward trend to the grades I'm earning
You keep me so busy and so engaged
I never have time to misbehave
Before I know it, the day is done
Learning, in your class, is really quite fun!

37 保持微笑

該不該微笑

我是新老師，
有人告訴我，要藏住微笑。
這樣告誡我的那位老師
顯然已經很久不曾微笑。
她額頭上的皺紋好深好深，
似乎已經不可能恢復平整。
可是我不想變成她那樣，
所以我不要聽她的建議。

我還注意到，她所有的學生
沒有一個是用和善的態度回應她，
只要下課鈴聲一響，
他們就衝出她的課堂，大喊：「終於下課了！」

所以，微笑，我要微笑，而且我會做到——
讓學生見到一位快樂的老師。
因為我知道，快樂的學生會守規矩，
愁眉苦臉的老師只會慘兮兮變老！

♥ 真心話大交換 ♥

To Smile or Not to Smile

I am a brand new teacher
Who's been told to hide my smile
And it's clear that the teacher who told me that
Hasn't smiled in quite a while
With lines so deeply etched in her brow
It seems that there's no turning back now
Like her, I do not wish to be
So I'm trying to ignore her advice to me

And I notice that none of her students
Respond to her very kindly
They run out of her classroom each day
When the bell rings, screaming "Finally!"

So smile I will and successful I'll be
A happy teacher my students will see
For happy students behave, I'm told
And miserable teachers grow miserably old.

思考點

詢問你所認識的新手老師，是否曾經得到像上一頁小詩所言的那種建議。然而，事實再清楚不過，要任何老師在多數時間保持嚴肅、不要微笑，根本是個**糟糕透頂的**建議！孩童在生活中需要快樂的成年人，他們需要看見老師微笑，而且是笑口常開！

優秀老師不同於一般老師的特質之一在於，**優秀老師在學校裡的多數時間都面帶微笑**，因為他們明白每天擔任學生的正面典範的重要性。這並不表示他們比其他較負面態度的同事更超凡入聖，也不表示他們的日子過得較為輕鬆，或是他們總是分配到最優秀、最守規矩的學生，而只是代表他們知道微笑有多重要，即使在承受痛苦和壓力的時候。優秀老師總是知道如何隨時展現專業風範，來面對他們所選擇的職業。然而，他們不會在不適當的時機微笑，例如學生行為失當、需要被糾正時。但是他們多數時候都在微笑，這項事實大幅減少了學生不守規矩的次數，以下我們來討論這項策略。

解決方案／課堂策略

當老師對著學生微笑時，學生很難當著老師的面調皮搗蛋——這正是為什麼優秀的老師大多數時候都面帶微笑！想想看，當某人對你微笑時，你幾乎不可能作出不良的行為！是的，所以微笑這個簡單的表情能有效改善學生在課堂上的行為。這是一項非常實惠的策略，毋需花費額外功夫，也不需要制定繁複的計畫。微笑能紓解壓力、強化正面的學習環境，並且讓學生感到輕鬆自在。而且快樂、平靜的環境有助於培養出快樂、高成效和行為良好的學生。

你有多常對著學生微笑？你是否每天用微笑來迎接他們？你是否用微笑來開啟你的每一堂課？你是否用微笑來鼓勵學生？你是否經常用微笑來感謝他們？你的笑臉是不是他們每天下課離開教室時最後見到的事物？如果不是，你仍然有些功課要完成，這似乎需要一些練習，但是我們相信你一定能辦得到！一開始你也許會笑得有點笨拙，但是相信我，經常對學生微笑，絕對有百利而無一害。

最重要的是……

時常保持微笑，你就會讓學生見到
一位快樂的老師
因為我們知道，快樂的學生會守規矩
而愁眉苦臉的老師只會慘兮兮變老！

38

急迫感教學

思考點

你曾經收看購物台的節目嗎？你是否曾向購物頻道訂購最後一檔神奇商品？即使你不曾下手搶購，你也很可能被節目的快節奏所吸引，情不自禁地盯著螢幕看。購物台節目令人著迷是有原因的，它能吸引觀眾目光的秘訣之一是「急迫感」。你會聽到節目主持人說：「二十分鐘內訂購享有特別優惠！」「頭五百名來電訂購者，不只可獲得一支，而是**兩支**抗老除皺的神奇魔棒！」「等等，還不只這樣……。」你懂我的意思。

我們發現觀察**優秀老師上課有點像是在看購物台節目！**優秀老師的教學讓學生產生千萬不可錯過的急迫感。他們用「贈品預告」吸引學生，讓學生迫不及待想知道更多，好奇明天的課程會揭露什麼樣的驚奇。他們集說書人、演員、推銷員和購物台節目主持人的角色於一身！

解決方案／課堂策略

將每天的課程都變成彷彿不容錯過的精采節目，是讓學生專心學習和守規矩的重要關鍵。如果學生擔心可能在課堂上錯失某些重要東西，他們就不會上課遲到或蹺課。上課時，你可以用類似這些話來作為開場白：「等著瞧我今天給你們準備的驚喜。」或是：「我等不及想看看接下來的三十分鐘，你們能完成多少進度。」「我很高興今天能教你們這東西，因為我們接下來的課會上得很開心！」當然，你必須要表現出興奮的樣子！正如同我們在前文所討論的「熱忱會傳染」，你的興奮會感染你的學生。

現在，讓我們看看反面例子：一上課，老師就擺出嚴肅的表情，劈頭就說：「翻開課本到第一三四頁。」這和先前提到的例子簡直無法相提並論。太多的老師沒有表現出他們**喜愛**自己所做的事，而他們的缺乏熱忱同樣也會影響到學生。

急迫感教學的另一項小技巧是，當你在教授新東西時，稍微將身體往前傾，就像運動教練站在他的隊員面前吩咐指令那樣。你的身體語言必須傳達出你滿懷熱忱在授課。你的聲音也應該如此，不管教授什麼內容，你都必須先讓自己興奮起來，彷彿你所說和所做的每件事都是重要而且令人期待的。

最重要的是……

急迫感是教學不可或缺的部分，它能激發學生的學習欲望和良好行為。當個行動購物台吧！每天成功推銷你所教授的東西，如此會讓學生渴望學得更多，而且隔天迫不及待再回到你的課堂，唯恐錯過任何有趣的事物！

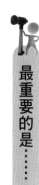

39

功課的指派

思考點

如果有人要你數算一個罐子裡的泡泡糖數量，你肯定可以輕鬆算出來，甚至還樂於嚐嚐罐子裡不同口味的糖果。然而，如果要你站在一座裝滿泡泡糖的游泳池前，必須數出所有的糖果數量，你大概連試都不想試了。為什麼？因為你覺得根本不可能完成任務，而且即使你能成功，這項任務未免得花太多時間。萬一你數到一半忘了數目，那有多教人挫折！學生也時常會有這種感覺——尤其當他們學習得很吃力時。如果我們把學生推到游泳池前，而不是糖果罐前，他們甚至還沒開始就想放棄了！更糟的是，他們放棄這項任務後，會轉而訴諸各種不當行為，來掩飾他們的挫折感。

明白了嗎？如果你的學生會數算罐子裡的糖果，那麼他也很可能會數算池子裡的糖果，差別在於一個任務導致成功，而另一個任務導致挫敗。所以問題的關鍵是，你指派的功課必須是可以完成的，才能確保更高的成功率，並且達成目標。第21招，我們談到小份量教學——把大型、遠程的計畫打散成較小、較易完成的近程目標。本章我們則將方法聚焦於按照學生程度來教導他們，讓他們每次都能有所進步。

解決方案／課堂策略

請記得，**有些功課對某些學生而言是無法完成的任務，即使拆成較小的份量！**舉例來說，如果學生連單純的句子都不會寫，那麼教他寫短文便毫無意義。他必須先學會寫句子，才能組合句子來寫成文章。如果學生不會加法，那麼教他乘法便毫無意義，在他能算演算乘法前，必須先學會加法。就是這麼回事！如果你想教一個連加法都不懂的學生乘法，即使一點一點地教，他也很快就會放棄，而且會連帶產生行為問題。所以光是小份量地教是不夠的。**不管任務多麼簡單輕鬆，首先對學生來說，都必須是「能夠完**

成」的任務。

將一項功課拆分成可完成的份量，有助於讓每個學生願意投入其中，包括那些學習吃力的學生。任務的份量可以隨著學生程度的提升而增加，但千萬不要派給他們太花時間的任務。畢竟小口的食物最容易咀嚼！

當然，這個概念不只適用於與課程有關的任務。優秀老師會將小份量教學的技巧運用到很多情況。舉例來說，如果他們希望某個學生不再隨意開口說話，他們不會等到一個星期快結束了，才來強化他的良好行為，而是一開始就設定容易完成的小目標。他們會先規定這個學生在某項活動中不准隨意開口說話，比方說某個持續三十分鐘的活動。等到這個學生能夠連續三十分鐘克制自己不說話，再將這項規定延長到四十五分鐘，然後延長到一個小時。最後，這個學生就能夠在長時間內不隨意開口說話了。

我再舉一個讓任務可完成且好咀嚼的例子。比方說，你希望提升學生的出席率，千萬別等到學年結束才頒發全勤獎，因為到那個時候，保持全勤的學生已經少之又少。你應該在學年一開始便宣布：「各位同學，你們知道這是我們班上連續全員到齊的第五天嗎？實在了不起！我真的覺得能當你們的老師非常幸運！請大家繼續保持，我們來看看我們班能不能連續八天都全勤。」提供分段成功的機會能讓學生持續產生成就感！

最重要的是……

成功的賽跑選手並非一開始就贏得馬拉松比賽，成功的滑雪選手也不是一開始就從最高的山峰往下滑——成功始於一步步持續朝目標邁進。優秀老師會確保每項功課都是學生可以完成的任務，讓他們每天朝成功邁進一小步，最終就能達成遠大的目標和成就。

40 別人面前的讚美

思考點

家長希望強化子女的良好行為最有效的方法之一，是讓他們聽見你在其他的「大人」（家長）面前誇讚他！而褒獎一個員工最有效的方法之一，是在他的老闆面前誇讚他！同樣的方法也可以應用到課堂上。希望學生的行為有所改善？那就請你在別人面前鼓勵他們的良好行為！

解決方案／課堂策略

當有訪客或校長進入你的教室，不妨利用這個時機來強化學生的優良行為。你可以對訪客說：「趁著今天你在場，我要誇獎一下我的班上學生，他們每天都能排好隊，安靜地去餐廳吃飯，這讓我十分驕傲；而且全班同學都有很強的閱讀能力！」

讓學生聽見你在別人面前讚美他們，特別有助於建立你與學生之間的正向關係，同時也讓良好行為更能夠維持下去。你能運用的另一個方法是讓學生知道，你也常常在別人面前誇獎他們。比方說：「我在其他科的老師面前誇你們，說你們的生物計畫是我所見過做得最好的案例。我跟他們說，你們非常注重細節，而且每個小組都懂得通力合作完成作業。」你也不妨告訴班上學生，上週末你在你的先生／太太、校長甚至是督學面前誇了他們一頓，藉此培養他們的榮譽感。

最重要的是……

當你過去或現在試著誇獎學生，其實是為未來播下一顆萌芽的種子！你希望學生成為什麼樣的人，你就要把他們當成這樣的人來對待，這麼一來，他們更有可能超越你對他們的讚美和期待！

41

轉移注意力

思考點

有時，改變學生行為最好的辦法就是打破他的慣性。而打破慣性最好的辦法之一，就是轉移注意力——家長們經常對子女做這件事。例如小孩子吵著要某件他想擁有卻無法得到的東西，父母會想辦法讓他分心，轉而去注意其他東西。許多牙醫診所會播放讓人放鬆心情的音樂，以轉移病患對看牙這種可怕經驗的恐懼。在空服員向乘客說明遇上空中事故的應變方法後，會迅速播放動人的音樂、電影（絕不會跟空難有關），以及提供食物和飲料來轉移乘客注意力！房產仲介會設法轉移客戶對於某個房子缺陷的注意，將重點放在這間房子是多麼適合居住，強調它所擁有的舒適條件，讓客戶轉而想像住在裡面有多麼享受！投資專家也會將推銷重點放在我們能有多少獲利，而非風險和損失……。這並非說他們沒有警告我們可能的風險，而是獲利的前景才是他們強調的重點；我們稱這個方法為**注意力轉移法**。

如果運用得當，注意力轉移法在課堂上能發揮極大的功效。每一位優秀老師幾乎都是轉移學生注意力的高手。

解決方案／課堂策略

莫妮克在不該說話的時候與另外一個同學交頭接耳。老師一早便發現了，他決定使用轉移注意力的策略。他喊出莫妮克的名字，莫妮克抬起頭，以為她有麻煩了。結果老師卻說：「提醒我，等一下我要問你一件事。我怕萬一忘記了，所以請你提醒我。」就是這樣。莫妮克不確定老師是否看見她在說話。但不管怎樣，通常她都會停止說話。稍後，如果莫妮克提醒老師剛才吩咐的事，老師可以編個說法：「對了，我昨天在便利商店看到的人是你嗎？」莫妮克回答：「不是，我昨天沒有去便利商店。」老師接著說：

「喔，那麼你一定有個雙胞胎妹妹！」瞧，老師只是設法轉移莫妮克的注意力，藉此打斷她的不當行為，但她並不會察覺。

約翰起身離開座位，顯然朝另一名學生的課桌走去。老師發現後說：「約翰，你要到垃圾桶那邊嗎？嗯，這個（他抓著手裡的紙），能不能請你幫我丟進垃圾桶？謝謝你幫忙維持教室整潔！」你認為約翰會走向哪個方向？無疑是垃圾桶。他絕不會說：「不行，我要過去揍提姆，因為他剛才對我扮鬼臉！」又是一次成功轉移注意力的案例。

最重要的是……

在課堂上解決潛在或實際存在的問題，有時最有效的辦法是設法轉移學生注意力，藉此打破他們的慣性。這是一種不會突顯出負面行為的簡單技巧，如果運用得巧妙，學生甚至不知道發生了什麼事！**如果你想在潛移默化中改變學生的行為，只要設法轉移他們的注意力就行了！**

42 改變思考模式

思考點

人們通常不會自發性地改變行為，除非他們先改變看待行為的思考模式。例如，你無法成功節食，除非你先改變對飲食的看法，包括你所選擇的食物種類、份量、進食時間或其他要素。如果你老是重複使用已經失敗的方法，那麼你永遠無法順利將問題解決。你必須想出新招數，所以你得從不同觀點看待問題。

不喜歡某個學科的學生，在還沒改變對這門科目的看法之前，絕對不可能喜歡上這門課，而這正是我們身為老師要留意的因素。**我們必須先改變學生對課程內容的看法，才能讓他們願意學習我們所教授的東西。**

解決方案／課堂策略

讓我們來看看相同問題的不同解決方法。

情況一：提米就讀五年級，他說他討厭閱讀。他何必學好閱讀？他又不打算當閱讀老師！他的老師告訴他，他必須學會閱讀，因為這是生活中的重要技能。提米認為這根本是廢話，他仍然討厭閱讀，說什麼都沒用！

對面教室裡的湯米就讀五年級，他也說討厭閱讀。他何必學好閱讀？他又不打算當閱讀老師！他的老師問他將來想當什麼，湯米回答「賽車手」。老師開始開導他：所有賽車手（和所有汽車駕駛）都需要會閱讀。他們談到開車時必須看懂交通標誌和汽車儀表、通過駕照考試等例子。湯米承認他以前從沒這麼想過，於是老師建議他閱讀一些汽車相關書籍，這類書籍可能會讓他感興趣。

這麼一來，你猜誰已經開始對閱讀課抱持不同的看法——提米或湯米？現在誰非常有可能**想要**閱讀更多東西？

情況二：蘇珊的班上正在研讀美國南北戰爭。蘇珊向來討厭歷史。本週的課程活動包括閱讀南北戰爭相關篇章、回答每篇文章最後的問題和練習、完成四項習作、觀賞一部影片、抄筆記，以及背誦大量的日期、地點和戰役等史實，加上週五的測驗。南北戰爭對蘇珊來說，純粹是課本中的一個無聊故事。

對面教室的莎莉班上也正在研讀美國南北戰爭。莎莉向來討厭歷史。莎莉的班上學生分成幾個小組，每個小組負責研究南北戰爭的其中一個面向，而且必須討論如果南北戰爭沒有開打，他們現今的生活會有什麼不同。上課時，同學們熱絡地合作討論並認識影響現狀的歷史事件，每個小組都得到一個指示，必須據此設計一份報告，上台和大家分享。因此，對莎莉來說，南北戰爭成為一個有意義的歷史事件，很具體地形塑了她目前所知的世界。

你猜誰已經開始對歷史課抱持不同的看法——蘇珊或莎莉？誰很有可能更有興趣研究歷史事件？

最重要的是……

最重要的是，如果學生看不出課堂上教授的題材與他的生活有什麼切身關係，那麼他們很可能會抗拒學習。一旦說服學生相信他所學的東西對他有直接的影響，那麼他就會改變思考模式！當他改變想法，他才能因此學到他應該學習的知識。**身為老師的任務之一，就是改變學生對學習的看法**，好讓他們覺得唸書有好處，迫不及待想嘗試我們精心準備的美味！這就像是有許多孩子討厭吃花椰菜，除非細心的媽媽們願意花點心思，巧妙地用起司醬來偽裝這道食物！當一個讓學習變得更美味的老師吧！

43

防患未然

思考點

美國情境喜劇《安迪・格里菲思秀》（*The Andy Griffith Show*）是電視史上最叫座的節目之一。從劇中安迪・泰勒（Andy Taylor）警長和梅貝里（Mayberry）社區居民那裡，你可以學習到生活中必須知道的大小事。雖然泰勒警長代表理性冷靜的聲音，不過最令人懷念的角色恐怕是著名的副警長巴尼・伐夫（Barney Fife）。巴尼的個性與安迪截然不同，他代表理性冷靜的對立面，但是也經常有展現智慧之光的時刻。他的至理名言是：「你得防患未然，在芽苞剛萌發時馬上掐掉它！」當然，他的意思是，**一定要趁著小問題尚未演變成大問題之前，迅速將問題處理掉**，就好比你一旦掐掉植物的花苞，它就不會盛開成花朵。讓我們將巴尼的寶貴建議帶到課堂上。

解決方案／課堂策略

優秀的老師都同意，在每天的課堂上，我們對各種事態都必須防患未然，在小問題一發生時立即著手處理，就可以避免日後演變成大問題，甚至成為常態。**我們都不希望看見小小的困擾最後演變成令人精疲力竭的大麻煩**。當學生的行為或課業問題還不那麼嚴重時，我們比較容易與家長溝通或尋求協助；但是如果你即將瀕臨崩潰邊緣，而且學生的成績已經明顯退步，或者管教問題已經惡化，這時要和家長對話就更困難了。

當你看見學生心浮氣躁走進教室，立即私下和他談談，這時問題會比較好處理。如果你當下置之不理，這個學生往往會以不恰當的方式發洩情緒。（前文提到老師們在課堂上要忽略某些事，也列舉出老師們可以刻意不予理會的一些行為，但本章我們談的是可能導致問題更嚴重的情況，因此不該運用忽略的技巧。）

此外，你也得確認用來解決問題的辦法不致使問題惡化。例如，為了一個學生的不當行為而中斷全班的上課，並當著其他同學面前羞辱當事者，就完全無助於「掐死壞芽苞的效果」——反而會讓你的花園長出更多雜草！

最重要的是……

優秀老師知道如何偵查潛在的問題，並且防患於未然——這正是他們很少遭遇嚴重管教問題的主因。事實上，高效能老師與效能不彰的老師所遇到的挑戰並無二致，他們同樣都得跟孩子打交道。孩子做出孩子氣的事原是理所當然，但效能低的老師卻無法妥善地應付。此外，高效能老師並沒有「分到所有的好學生」——這項事實同樣令效能低的老師們感到意外。因此，重點在於：**高效能老師每天都細心地巡視花園，一發現壞芽苞便馬上掐除，只允許美麗的植物在他們的花園裡繁衍滋長。**

44 夢想的光芒

思考點

有一個明確的事實：所有學生都有夢想。而另一個明確卻令人難過的事實：多數老師都不知道學生的夢想是什麼！

一位教育顧問受邀前往解決某一所大型貧民區學校的「學生問題」。這位顧問被告知，當地老師已經竭盡所能教導這些學生，但學生們就是不領情，校方無計可施，只好求助於學生行為專家。這名顧問要求視察每位老師的課堂，也讓老師們可以事先得知她的參訪，這麼一來，老師們就不會有被「突襲」的感覺。這位顧問希望老師們有時間準備好，可以展現最佳的教學力。

課堂參訪如期展開。觀察過每間教室後，她發現這些教室中最嚴重的不當行為包括：學生上課不專心、交頭接耳，以及老師和學生間偶發性失禮的對話。與教學有關的部分少之又少，而且每個課堂活動幾乎不離朗讀課本、回答問題、完成習作、抄筆記。這種上課方式如何激起學生的興趣，或鼓勵他們投入學習？

所幸，在這些老師當中，有一個老師在上課時努力展現出興奮和熱忱，不意外地，這位老師並沒有所謂的「管教問題」。她受到所有學生愛戴，同時成為其他老師羨慕的對象——我們姑且稱她為「快樂老師」。

在離開每個教室前，顧問都會和班上學生互動討論，每位學生都被問到一個簡單的問題：**「你有什麼夢想？」**結果出乎所有老師意料之外，原來每個學生都有夢想，而且他們都樂意公開分享這個夢想！事後老師們承認，他們不知道某生想成為獸醫、護士或籃球教練……沒錯，竟也有人夢想成為老師！為什麼這些老師都不知道？或許是因為他們從來沒問過。就拿那個想成為獸醫的學生來說，她的老師很驚訝這個學生每週騰出三個下午在當地動物醫院當志工，直呼：「我都不知道原來他有這樣的一面！」如果這位老師從不花時間瞭解她的學生，怎麼會知道這個學生的另一面？

解決方案／課堂策略

如果你無法打動學生的心，你就無法教導他。在前文的案例中，全校只有一位「快樂老師」願意不厭其煩、一個個和學生互動、交心，也難怪除了她，學生對其他的老師都不信任。更別提在這所學校進行的多數課堂活動，根本談不上是教學！

「快樂老師」當然知道每位學生的夢想。她曾花時間認識班上每一個人，她對每個學生都感興趣，也規劃出能讓大夥願意投入的課程活動。因此上她課的學生無不積極參與，也收獲了絕佳的學習效果。

所以這個策略很簡單：認識你的學生，去深刻地探索並瞭解他們是什麼樣的人！

最重要的是……

你和學生聊過夢想嗎？你可知道學生在沉重的課本和筆記後面的模樣？他們知道你在乎他們嗎？你是否試著讓他們知道，你眼中的他們是個擁有真實夢想的人？當個「快樂老師」吧，你會發現學生的夢想總是散發出耀眼的光芒！

45

身體語言

思考點

如果你以憤怒的表情說：「這真是太棒了！」你的意思**真的**是這樣嗎？當然不是。但是，如果你滿臉笑容，以肢體語言表達興奮感：「這真是太棒了！」那麼不管真相如何，你**的確**表現出快樂和興奮，不是嗎？

現在請你試著搖頭，像是要說「不」的樣子，但口中卻說「是」。這麼做傳達出來的訊息到底是「不」或「是」？很難決定吧？一位母親望著兒子身穿禮服走出房間，準備參加班級舞會，她開口：「瞧瞧你！」另一種情形是：一位母親望著兒子滿身泥濘走進客廳，她開口：「瞧瞧你！」第一個例子的母親是高興的，而第二個例子則是生氣的，雖然她所說出的話語並無不同，但卻不會造成誤會，因為身體動作和表情比真實的言語更有效果。在生活和課堂上，情況都是如此。

在每天的課堂上，老師和學生之間難免會發生小衝突。老師往往覺得這又不是什麼大不了的事，事過境遷後絲毫不以為意，下了課也不會放在心上，因為老師看不見自己的身體語言，只考慮到她的話語應該沒有說得太過火。然而，學生並不會只在意她的話語，因為他們忙著解讀老師憤怒的身體語言，於是隔天就會有生氣的家長在辦公室等著這個老師，並以她從未說過的話來指責她。的確，她並沒有**說出**家長控訴的言論，但是她的身體語言確實這麼表現著。

比起真實說出口的言語，學生更清楚地「聽見」老師的身體語言。優秀老師明白這個道理，因此他們總是留意在自己課堂上表現出來的身體語言。

如果你碰巧有養狗，或你的朋友養狗，你不妨做個實驗：對這隻狗微笑，表現出非常高興看見牠的樣子，並且輕拍牠的頭，用最愉快的語氣對牠說：「壞狗狗。」這隻狗會以為你在稱讚牠，因為牠只會辨識你的友善語氣並解讀你的身體語言。你所說的話語對這隻狗來說根本不具意義。對動物或人來說都一樣，重點不在於你說了什麼，而是在於你**如何**表達，以及你說話時的表情！

再舉個例子：即使父母親十年來每一天都不斷告誡孩子「誠實為上策」，但只要他們有一次在孩子面前說謊，這個孩子就會從父母的實際行為（而非從他們的長年教誨）中得到暗示！當下次這個孩子說謊而父母為此責罰他時，孩子幾乎一定會說：「你們也會騙人啊！」每對父母都能證實這個例子絲毫不假。

解決方案／課堂策略

我們的行為確實比言辭來得更有效果，太多老師都因為不瞭解這個道理而招致失敗。這裡提供的策略是**承認你的行為會被學生看在眼裡，你所說的話遠比不上你真實做的事**。所以，我們千萬不能在憤怒時大發雷霆，絕對別讓學生知道他踩中你的地雷，也絕不怒目瞪視學生，因為這些舉動完全無助於你對局面的掌控，只會彰顯你失控的窘態！

掌控局面的要訣是，時常留意你的身體語言，確保你始終表現出專業人士應有的身體語言，展現凡事應付自如的樣子。我們每個老師、甚至是最優秀的老師，都應不斷磨練自己在課堂上的身體語言。多數老師在授課時顯得過於嚴肅，如果老師們上課時能表現出樂在其中的優雅，會讓學生覺得他們喜歡這份工作，而且隨時可以控制自己，那麼學生也會學習自制。

好好運用你的身體語言吧。錄下你的授課情形觀察自己。你也許會發現，影片中的你看起來並不像你自認為的那麼快樂或充滿熱忱。當你觀看影片時，數一數自己微笑的次數，數一數你對學生用了多少次正面表述，並觀察學生對你的反應——錄影會讓你得知許多事情。即使你沒有勇氣觀看自己在影片中的模樣，至少也該清楚你每天的行為表現對學生帶來的影響。

最重要的是……

身教重於言教，學生會觀察你的一舉一動，而非聽從你的一言一語。**下定決心讓你的語氣更愉悅，建立更積極的心態**。學生在應對態度正面的老師時，也會給予正面的回饋。你每天都在為你自己的課堂「定調」！努力營造出良好的上課氣氛吧！

46 不關機

思考點

外科醫生能有多少天「**關機**」的日子？我指的不是假日，而是被允許在手術室裡**不必**全力以赴的日子。一天都不行，對吧？我們確實希望如此。飛機駕駛可以有多少天**關機**的日子？也就是說，他們在控制台前可以不必專心操縱飛機的日子。一天都不行，對吧？那麼，老師在課堂上被允許有多少天**關機**的日子？想當然爾，你會回答：「一天都不行！」然而，我們都知道，有些老師在課堂上**關機**的日子比**開機**的日子還要多，這難道不是事實？如果你和這些老師打招呼：「嗨，最近過得好嗎？」他們從來不會給你正面、肯定的回應。

事實上，如果你和他們打招呼，在聽了一堆負面說法後，通常會後悔有此一問。他們總是告訴你：如果班上能少五個學生、如果學校能換新校長、如果今天是星期五、如果薪水再高一點、如果不必擬課程計畫……，那麼他們的日子就會比較好過。然而，即使他們班上真的減少五個學生、學校果真換了新校長……，情況依舊不會改變，他們仍然是消極而負面的老師，而且這些人對待學生的態度，通常比對待同事更加消極！

問問某位優秀老師「日子過得如何？」，你會發現無論他的真實生活境遇如何，他總是帶著微笑和你招呼：「好極了！那你今天得過好嗎？」這位老師知道他身為**人師**和**典範**的重要性。更重要的是，他知道他必須維持專業人士的風範！他明白一個簡單的事實：**不管生活過得如何、得處理多少家庭煩惱、得應付多少校方的要求、下了班有多疲累……，他都必須表現出快樂和熱忱的樣子——這是一種專業人士的風範，也才能成為學生的福利！**

解決方案／課堂策略

這個策略是學習優秀老師的作法——無論如何都要表現出專業風範！舉例來說：

- 每天一進入校園，臉上就掛著微笑，練習時常保持微笑
- 對遇見的每個人報以親切的問候
- 每天提醒自己以身作則，為學生示範合宜、適當的行為
- 永遠懷抱熱忱上課
- 克制對別人負面批評的衝動
- 克制想抱怨的念頭
- 別向同事抱怨工作有多累——因為他們和你一樣疲憊
- 當個解決問題的人，別當製造問題的人

最重要的是……

當你日子過得順遂，要表現出快樂的樣子和專業風範是容易的。然而，當你日子不是很順利，要充滿熱忱、精力充沛，而且總是展現專業風範，就不見得容易了。不過正是在這種時刻，你必須鼓起勇氣和力氣來維持這一切！如果你做不到，那麼當天你根本不應該到學校上課。

教書是一件累人的差事！但是**整天表現負面的態度更教人疲累！**你的工作量或許讓你吃不消，因為當個老師似乎總有開不完的會、必須不斷開發創新的教法，以及最要緊的——學生隨時都需要你。但是，這些正是老師作為學生表率，以及身為影響學生未來的人必須肩負的重責大任。所以，請你像個真正的專業人士一樣接受挑戰！

47 罪惡感的妙用

思考點

當學生行為失當被逮到時，他通常會產生兩種情緒——愧疚感，或是覺得憤怒，而這往往取決於老師對這個行為的最初反應。如果老師怒氣沖天，學生就很容易以憤怒的情緒回擊。然而，如果讓學生內心懷有一絲愧疚，那麼他的行為表現會截然不同。心懷愧疚的學生很可能修正造成他罪惡感的行為，而心懷忿恨的學生則往往為自己的行為大加辯護，甚至變本加厲——也就是「你給我等著瞧！」的態度。

讓學生為自己的不當行為感到一絲愧疚，往往能順利改善他的行為。而為了追究錯誤行為而激怒學生，反而收不到正面的效果。

在談到如何在課堂上利用學生的愧疚感之前，我們首先要清楚表明，我們並非要你羞辱學生——**讓學生懷有一絲愧疚感和羞辱學生，是完全不同的兩件事**，前者是為了幫助他們，後者卻傷害了他們。釐清兩者的差別後，我們來看看兩個情境迥異的課堂。

A老師向學校請一天假，請代課老師來代班。結果當天A老師班上宛如**天使般的**學生變成了**兇神惡煞**。A老師回學校後，得知學生在她請假期間的惡劣行徑，幾經思考，決定使出讓學生**心生愧疚**的招數。她對學生說：「好了，你們不用花力氣告訴我昨天發生了什麼事，我都知道了。我覺得很難過，昨晚一想起來就睡不著，今天晚上大概也別想睡了。我真的非常失望，簡直不敢相信你們之中竟有人會做出昨天那種事，真教人傷心。想想看那位可憐的代課老師得承受多少委屈。再想想你們自己——我最得意的一群學生——沒想到會做出這麼可怕的事！我現在甚至無法繼續談這件事，所以我們開始上課吧。」在她尚未再度開口之前，學生們已經開始道歉，有些人眼中還噙著眼淚。因為學生此時對於他們的所作所為感到愧疚。

你看出來了嗎？這位老師並沒有生氣，而是感到傷心和失望。學生們不是踩到她的地雷，而是傷到她的心。因為這位老師平日總是非常關愛、尊重學生，因此她的學生一想到惹得老師大失所望，就徹底投降了。毋須敦促，他們自發性地寫封道歉函給代課老師，並向老師保證他們真的感到抱歉，而且真心希望得到原諒！瞧，多麼棒的一堂生活教育課！

B老師向學校請一天假，由代課老師代班。她班上的那群**小煞星**當天變成了**大魔王**。回學校後，B老師得知學生在她請假期間的惡劣行為，她不假思索當場發飆。學生一進入教室就迎來老師憤怒的目光，等到所有學生就座，她說：「好哇，你們還有什麼話說？」沒有人開口說話，也沒有人敢看她一眼，每個學生都垂下雙眼。她繼續道：「最好有人出來說清楚，老老實實給我解釋一下昨天發生的事！」同樣沒有人回答。她更加光火：「我很清楚你們幹了什麼好事，你們每個人都要為自己的行為付出重大代價！因為你們的惡劣行為，那位代課老師哭著離開學校，發生這種事情，你們讓我的臉要往哪裡放？」她接著點名幾個學生，數落他們的行為，並讓他們罰站接受羞辱。當然，他們會反駁：「又不是只有我這樣！」結果全班學生都被處罰——這是B老師想出來的花招，目的只想修理學生。

這些學生早已習慣老師的這類反應，因為B老師幾乎從來不尊重學生。對於先前的行為，學生們絲毫不覺得懊悔，因為他們正忙著處理被羞辱的感覺，而這種感覺只讓他們萌生想報復的情緒。多麼糟糕的一堂生活教育課！

最重要的是……

如同我們在第一個情境中所見，一點點愧疚感有時能發揮大大的功效。然而這個策略絕不能過度使用。如果每次學生行為失當，你都利用他的愧疚感當作法寶，那麼他很快就會免疫，而且再也不會認真把老師當一回事，最後這項策略就會完全失靈。所以有時要善用學生的愧疚感，但是千萬不可以濫用。

48

教他們處理問題

思考點

孩子會用他們最熟悉的方法來應付壓力。遺憾的是，有些學生的錦囊裡並沒有太多解決問題的妙計。然而，每位孩子的生活中難免遇到困難，如果我們沒有教導他們如何應付，他們就會自行創造解決問題的辦法。正常來說，所有父母都會教導子女用健康、適當的方法來解決生活中的難題；然而，我們並非活在一個完美的世界。

許多學生連道歉這麼簡單的事都做不好，不是嗎？當你要求他們道歉，他們會扭怩上前、叉著雙臂，然後忿然衝口而出：「對不起！」我們應該都同意這不是一種令人欣慰、適當或者真心誠意的道歉方式。有多少次你看見一個為了某個原因而心浮氣躁的學生，惡狠狠地瞪人或者動手打人？你可曾想過，這些學生其實是用他們所知道「最好的」，或者是「唯一的」方法來處理問題？

身為老師，我們都在課常上處理過類似狀況。因此，我們都會面臨兩種選擇：**你可以想辦法解決問題，或者只是抱怨**。如果你會想辦法解決，那麼這裡提供你一些策略來教導學生如何應付壓力。

解決方案／課堂策略

課堂上老師教導學生處理問題主要透過兩種方式：言教和身教；其實有效的言教在本質上都帶有以身作則的成分，不過我們姑且將言教和身教分別討論。

所謂言教，這裡指的是你與學生一起討論，看看有哪些可被接受的方式能用來應付有壓力的情境，並且提供他們各種建議，妥當地處理狀況。什麼時候進行言教？千萬不要等到學生遭受強大壓力，並以不當方式處理時你才出手，這樣不免為時過晚。你應該事先規劃時間和學生討論，讓他們知道憤怒、悲傷、挫折或感覺被排擠等，都是人際間自然的情緒反應，接著再和學生進一步討論如何以正向、妥善的方式來處理這些情緒。在教導學生如何有效解決問題時，角色扮演是非常有用的方法。請特別注意，你不能只教一次，而必須不時提醒學生處理問題的方法，並留意他們何時真正運用這些技巧。

另外，**這裡所謂的身教是，你得以身作則，用正當的方式來應付有壓力的情境。**（本書中曾多次強調：無時無刻，老師都必須在行為上展現專業風範。）**要記得，學生比較容易以老師的行為作榜樣，而非聽從老師所說的話！**

你必須時常提醒學生如何妥善應付自身的處境。處理這類問題時，你可以毫不猶豫地尋求家長的協助。如果我們能以專業態度處理問題，家長會感激我們對他們子女的照顧和關心。這裡並非建議你：每當學生沒有以適當方式道歉，你就打電話通報他的父母；而是說，如果你發現某個學生陷入情緒問題，而且顯然已經屢次發生，你就應該告知他的家長。

最重要的是……

每個學生都會因為學習到有效處理問題的技巧而而受益，即使已經接受家長良好教養的學生，也能從老師的提醒和模擬練習中獲得成長。許多學生無法掌握排解情緒壓力的技巧，於是只好自己發洩情緒，結果他們的方法往往令老師錯愕。所以你最好防患於未然，在情況尚未發生前，不斷提醒他們這些技巧、以身作則示範，並在他們運用這些技巧時，趁機給予讚美和鼓勵。

真心話大交換

如果他們遇到了狀況不知如何應付，
你就要示範解決問題的技巧，他們很快就會仿效。
以後他們就會用比較健康的方式來處理壓力，
如此一來，生活就更快樂啦！

If their bag of coping skills is hollow
Then model those skills and they will soon follow
They'll handle life's stresses in healthier ways
Which surely will lead to happier days!

49

聆聽

思考點

大人們經常替孩子解決問題，而非給他們機會學習解決問題。其實，孩子不一定需要你的幫忙，有時他們只是需要有人聆聽他們的心聲。事實上，往往只有大人會對孩子說：「你們聽著！」但是卻很少有大人願意敞開心胸聽**他們**說話。

在好的聆聽者協助下，孩子通常能自己解決問題，而且在成長的道路上，他們也需要學習處理的技巧。我們的確不應該凡事插手替他們解決，但是我們可以聆聽！**所有優秀老師都是好的聆聽者**。他們是怎麼辦到的？他們只是不斷提醒自己：孩子的生活中，每天都需要一個好的聆聽者。

解決方案／課堂策略

當個好的聆聽者需要練習。聆聽是一種自我收斂的行為，與我們迫切想幫助別人的動機完全不同。有時我們會由於太想提供幫助，而忍不住出面掌控局面，主導大部分談話的進行，而非保持靜默、單純傾聽。

想當個好的聆聽者，你必須知道怎樣才算是個好的聆聽者。幾位高效能老師跟我們分享他們的**「聆聽策略」**：

◆「我經常說出『我在聽』這句話。」

◆「我會用一些問題來跟學生互動，例如：『這件事情發生時，你有什麼感想？』或者『你認為該怎麼做？』和『你認為這個問題怎麼處理才好？』學生的回答往往令我吃驚，原來他們是這麼成熟，而且非常懂得如何解決問題。」

◆「我始終與正在說話的學生保持眼神接觸。」

◆「即使我未必贊同學生的想法，但我總設法讓他知道，我瞭解他現在的感受。」

◆「我不斷告訴學生：我是個很有耐心的聆聽者。因為我希望當他們需要有人聽他們說話時，能自然而然想到來找我。」

◆「無論我有多忙，只要學生開始和我說話，我一定停下手邊的事——這是要讓學生知道，我專心在說他說話。」

◆「聽學生說話時，我會不時點頭，確保學生知道我正在聆聽。」

◆「學生說話時，我會問一些問題，好讓他知道我確實聽進他所說的話，而且正在思考他目前的困境。」

◆「我會將身體微微前傾，表現出專心的樣子，但又不至於給他們威脅感。我善用身體語言來傳達我正在聆聽。」

◆「聽學生說話時，我會在適當時機露出微笑並且點頭。如果情況不適合微笑，我會非常小心、不要露出負面、震驚、沮喪的樣子。我讓身體語言來說明我正在聽——而且我在乎。」

◆「我時常設法轉述學生的話，目的是讓他知道我專心在聽，而且會思考他所說的話。」

最重要的是……

我們都有過這樣的經驗——把困難告訴某個願意聆聽的人，只因為我們知道，在和別人分享困境時，我們自己就能想出解決辦法。我們經常會對那位聆聽者說：「謝謝你的幫忙。」對方往往回答：「可是我什麼事也沒做。」不，他做了一件事，他在聽！有時這正是我們需要的——有人單純地傾聽我們想說的話。所以，專心聽學生說話就對了。

♥真心話大交換♥

當我對你說話，請你認真聽。
請不要告訴我你認為我應該怎麼做，
只要把你的耳朵借我。
因為呀，答案不在你那裡，而是在我的心裡！

Listen to me when I'm speaking to you
And please do not say what you think I should do
Just lend my your ear and it may become clear
That the answer lies inside of me, not you!

50 千萬要冷靜

思考點

第17招談到**絕不能讓學生知道老師的罩門所在，以免他們一年到頭不停撥弄這些罩門開關**。老師的怒斥聲可以證實這些罩門是否已經被學生識破。如果你進到一所學校，問問學生哪些老師總是**大聲咆哮**，他們絕對知道！通常，校長也立即能列舉出會在學校裡大吼大叫的老師；當然，老師們也知道哪些同事容易在上課時發飆。某些家長甚至用盡方法，確保他們的子女不被編入這些「咆哮老師」的班級。

我們相信老師們都是立意良善，而且多半都能就所知所學盡力做好教育工作。可惜的是，沒人讓這些「咆哮老師」們知道，**一旦你在課堂上對著學生嘶吼，就等於公開承**

認你無法控制自己的情緒。如果你正是這種無法控制情緒的老師，那麼你要如何教導學生控制情緒？那是辦不到的。

請回答下述問題：你會聽從醫生囑咐的每件事嗎？你永遠只吃健康食物嗎？你每天都適量運動嗎？你會遠離任何有壓力的環境嗎？你不會，對吧？想像一下你去看醫生，當他問你上述問題時，你誠實回答可能在某些方面做得不太夠，不料你的醫生因此被激怒了，開始對你大吼大叫。這時你會怎麼做？你很可能立刻掉頭離開，再也不會回到那樣危險的地方！而且你也應該這麼做，因為**這位專業人士已經喪失他的專業風範！**這是不該發生的事。那麼，課堂上的情況難道不是這樣？

如同我們在書中常提到的，**身為老師的主要工作之一，就是作為學生的表率，示範你所期待的所作所為**。而且我們都不希望學生像我們一樣，一受不了壓力便**失控**，或以不恰當的方式回應。因此，我們得展現完全不同的典範。

本書提供的策略雖然簡單，但是對某些老師來說並不容易做到。**我們鼓勵你仿效優秀老師會做的事：開學第一天就向學生承諾，你希望他們永遠都能為自己的行為負起責任，而且你絕對不會情緒失控，對他們大吼大叫**。此外，你保證會用尊重的態度來對待他們。學生們會不會要你說話算話？他們一定會！

藉由許下承諾，你達成了兩個目的：你克制自己不對學生大吼大叫，而且，你讓學生感到輕鬆自在，因為他們知道你的課堂是個安全的地方，在這裡，他們不會受到威脅。這麼一來，你已經為促進學生的良好表現做足了準備！

最重要的是……

美國前總統夫人愛麗諾・羅斯福（Eleanor Roosevelt）提醒我們，**怒氣**（anger）只比**危險**（danger）少一個字母。她說得極是！千萬別將怒氣發洩在學生身上。當你生氣時（我們畢竟都是**凡人**），絕對不要讓學生知道他們已經激怒你。你覺得挫折？理所當然。你感到傷心？情有可原。但是你因此被學生激怒了？千萬不行！

只有笨蛋才會失去冷靜，所以你得保持冷靜，特別是在當老師的時候！

戳到我的痛處

我按下小小的按鈕，想把電梯叫來，
我有急事要辦，需要電梯快點到。

我等了又等，等了又等，
我又按了一次按鈕，再按一次——然後三次、四次、五次，
但是電梯一直沒來。好吧，只好走樓梯。
對於有勇氣的人來說，走樓梯倒是不錯的運動方式。

這時我想起我班上的學生，
他們每天都戳中我的罩門，下手快又狠，像是在按按鈕。

他們一按，我就有反應。於是他們的「電梯」就來了。
他們要電梯往上，要電梯往下，反而變成是我感覺最不舒服了！

我在想：如果「電梯一直都不來」，使得他們必須走樓梯，
我是不是就打壞了他們的如意算盤——喔，謝天謝地！

好了，從明天開始，我要藏住我的罩門。
假如他們發現我不會作出反應，他們就會去找其他老師。

所以我要給所有會立即反應的老師一個忠告：
不要讓學生知道你的罩門是什麼，
他們就不會去撥弄它——這是千真萬確的事！

♥ 真心話大交換 ♥

Pushing My Buttons

I pushed the little button, to summon the elevator
Since I was in a hurry, I needed it sooner, not later

I waited and waited and waited for the elevator to arrive
I pushed the button once then twice—then three times, four times, five
But it never did arrive, you see, and so I took the stairs
A better source of exercise for anyone who dares

And then I got to thinking of the students in my class
Pushing my buttons every day, pushing hard and fast

And there I go reaching, and their "elevator" arrives
They're riding up, they're riding down, and I'm the one with hives

I wonder if I stopped "arriving," if they'd have to take the stairs
I could silence their conniving—the answer to my prayers!

And so I'll start tomorrow, my buttons I will hide
And when they see I won't react, another they'll try to ride

So here's a advice to all of you, the teachers who react
Don't let them know your buttons work
They'll stop pushing—that's a fact!

「只是個老師」

你不只握住他的手，你也握住他的未來。
你不只教導她的腦，你也觸動她的心。
你不只抹去他們的眼淚，你也撫慰他們的靈魂。
不管他們日後變成怎樣，你都有一份功勞。

你不只是與他們共享某個片刻，你還創造了回憶。
沒有了你之後，你仍然常駐他們心頭。
你絕不會知道你的力量多麼驚人，
你對這世界的影響力會持續下去。

所以別再說你「只是個老師」而已。
你的價值遠遠超過話語所能描述。
你觸動她的時候，你感覺得到。
從他今天對你微笑的模樣，你也感覺得到。

你不只握住他的手，你也握住他的未來。
你不只教導她的腦，你也觸動她的心。
你不只抹去他們的眼淚，你也撫慰他們的靈魂。
不管他們日後變成什麼樣，你都有一份功勞。

♥ 結論 ♥

"Just a Teacher"

You don't just hold his hand, you hold his future
You don't just teach her mind, you touch her heart
You don't just wipe a tear, you soothe the soul within
Of all that they become, you are a part

You don't just share a moment, you make a memory
You'll live inside them after you are gone
You'll never know how awesome is your power
Your influence on the world goes on and on

So there's really no such thing as "just a teacher"
You're so much more than words can ever say
You feel it in the moment that you reach her
Or in the way he smiles at you today.

You don't just hold his hand, you hold his future
You don't just teach her mind, you touch her heart
You don't just wipe a tear, you soothe the soul within
Of all that they become, you are a part.

※ 本書所有詩作皆為安妮特・布諾原創

木馬人文 21

優秀老師這樣做：50招課堂管理術，打造高效學習環境

50 Ways to Improve Student Behavior: Simple Solutions to Complex Challenges

作　　者：陶德．威塔克 & 安妮特．布諾（Todd Whitaker & Annette Breaux）
譯　　者：林金源
副 社 長：陳瀅如
責任編輯：李嘉琪（初版）、翁淑靜（二版）
封面設計：Bianco Tsai
內頁編排：優克居有限公司、洪素貞
行銷企劃：陳雅雯、尹子麟、余一霞

出　　版：木馬文化事業股份有限公司
發　　行：遠足文化事業股份有限公司（讀書共和國集團）
地　　址：231新北市新店區民權路108-4號8樓
電　　話：(02)2218-1417
傳　　真：(02)2218-0727
客服信箱：service@bookrep.com.tw
郵撥帳號：19588272木馬文化事業股份有限公司
客服專線：0800221029
法律顧問：華洋國際專利商標事務所 蘇文生律師
印　　刷：前進彩藝有限公司
初　　版：2014年9月
二版三刷：2024年7月
定　　價：320元
ISBN：978-986-359-886-2

國家圖書館出版品預行編目

優秀老師這樣做：50 招課堂管理術，打造高效學習環境 / 陶德．威塔克 (Todd Whitaker), 安妮特．布諾 (Annette Breaux) 著；林金源譯．-- 二版．-- 新北市：木馬文化事業股份有限公司出版：遠足文化事業股份有限公司發行，2021.05
　面；　公分．--（木馬人文；21）
譯　自：50 ways to improve student behavior : simple solutions to complex challenges
ISBN 978-986-359-886-2(平裝)

1. 班級經營 2. 教學法

527　　110003651

木馬文化

木馬文化